AF619333

ACTEURS ET ACTRICES D'AUTREFOIS

Documents et anecdotes publiés sous la direction de M. LOUIS SCHNEIDER

Cornélie Falcon

par

Charles Bouvet

LIBRAIRIE
FELIX ALCAN

CORNÉLIE
FALCON

DU MÊME AUTEUR

Les Couperin, ouvrage couronné par l'Académie française (*Prix Charles Blanc*) et par l'Académie des Beaux-Arts (*Prix Kastner-Boursault*), Delagrave, éditeur.

Une Leçon de Giuseppe Tartini et une femme violoniste au XVIIIe siècle, Sénart, éditeur.

CORNELIE FALCON

Peinture de E. COEDÈS (1836)

(Musée de l'Opéra)

ACTEURS ET ACTRICES D'AUTREFOIS
Documents et Anecdotes
publiés sous la direction de M. LOUIS SCHNEIDER

CORNÉLIE FALCON

PAR

Charles BOUVET

LIBRAIRIE FÉLIX ALCAN
108, BOULEVARD SAINT-GERMAIN, PARIS
1927

IL A ÉTÉ TIRÉ DE CET OUVRAGE :

100 exemplaires sur papier Lafuma pur fil, numérotés de 1 à 100.

AVANT-PROPOS

Lorsqu'on veut retracer l'histoire d'une artiste réputée en son temps, en général les documents, les anecdotes abondent. Pour Cornélie Falcon, il est loin d'en être ainsi ; même les archives de l'Opéra, tellement riches d'ordinaire, et particulièrement qualifiées pour nous fournir des renseignements sur la cantatrice que nous nous proposons de faire revivre, comportent une lacune entre les années 1830 et 1838, précisément celles de la période qui intéresse directement la carrière artistique de Cornélie Falcon. Cela s'explique du fait qu'à cette époque, les directeurs, exploitant l'Opéra à leurs risques et périls, considéraient les papiers administratifs comme étant leur propriété.

Quant aux circonstances de l'évolution sociale de Cornélie Falcon, presque tous les membres de sa famille ayant disparu, il s'ensuit que nous eussions été amené à de pénibles et assez souvent infructueuses investigations dans ce domaine, si les quelques détails recueillis par M. Barthélemy Braud n'eussent facilité notre tâche, encore que nos recherches personnelles chez les notaires parisiens nous aient permis plusieurs rectifications fort utiles.

Pour le reste, les archives de la Seine, celles de Saint-Eustache, de Saint-Philippe-du-Roule, de Saint-Louis-d'Antin, les mises d'ouvrages de l'Opéra et les journaux de l'époque, inventoriés par nous, nous ont fourni une documentation aussi complète que possible.

CHAPITRE PREMIER

Origine des Falcon. — Arrivée de Pierre Falcon à Paris, son mariage. — Naissance de Cornélie Falcon. — Enfance. — Entrée au Conservatoire de musique. — Succès d'école.

Falcon, un des noms les plus célèbres dans les annales du théâtre.

Pareille à ces astres qui apparaissent dans le ciel, y brillent d'un éclat intense et disparaissent aussitôt, la carrière artistique de Falcon fut de courte durée ; toutefois, tel fut l'émerveillement suscité par cette grande artiste que sa trace est restée lumineuse.

Effectivement, Falcon jouit du rare privilège d'avoir attaché son nom à un emploi de la scène lyrique. De même qu'un baryton dont la tessiture est placée dans le registre élevé est appelé : baryton Martin, en jargon de théâtre, on dit encore aujourd'hui d'une cantatrice possédant une voix de soprano dramatique qu'elle chante « les Falcon ».

Si Falcon goûta l'ivresse du triomphe, cette joie passagère fut encadrée dans de la tristesse : tristesse amère, tristesse profonde, acceptée avec courage, résignation, stoïcisme.

Comme Siegmund qui, dans *La Walkyrie*, s'intitule « le fils de la douleur », Falcon a pu se dire, elle aussi, « fille de la douleur ».

Nature morale très haute, Cornélie Falcon puisa les raisons de vivre dans la satisfaction éprouvée en accomplissant les devoirs qu'elle s'était prescrits.

Nous essaierons de retracer l'existence et la carrière, uniques en leur genre, d'une artiste illustre entre toutes, et sur laquelle semble planer la Fatalité.

***

Le berceau des Falcon est le Velay, où une branche de cette famille, originaire des Roches, commune de Freycenet-la-Cuche (Haute-Loire), vint s'établir au Monastier-sur-Gazeille vers la fin du XVIIIe siècle.

Celui des Falcon qui, le premier, habita le Monastier, et duquel on trouve la trace dans cette ville où il exerçait la profession de tailleur d'habits, s'appelait Jacques. Il avait épousé Marie-Anne Berranger, union de laquelle naquirent trois enfants : Pierre, Jacques et Honoré Falcon.

De ces trois fils, le dernier mourut en bas âge. Quant à l'aîné, Pierre Falcon, qui nous intéresse tout particulièrement, après avoir fait son apprentissage chez son père, il quitta le Monastier, alors qu'il avait 18 ans, et vint à Paris où il entra, comme ouvrier, chez un maître-tailleur installé rue Béthisy. Celui-ci, obligé de partir pour faire la campagne de Russie, fut tué à la bataille de la Moskowa, en 1812.

Pierre Falcon succéda à son patron et ne tarda pas à se marier. En l'église Saint-Philippe-du-Roule, le 10 décembre 1812, en effet, il épousait Edmée-Cornélie Merot, ainsi qu'il appert du contrat de mariage passé le 8 décembre 1812, devant M. Chambette, notaire à Paris (aujourd'hui étude Faÿ), et dont nous extrayons les clauses principales :

Pierre Falcon, tailleur d'habits, demeurant à Paris, rue de Bétizy n° 10, fils de Jacques Falcon, tailleur d'habits, et de Dame Marie-Anne Barranger, son épouse, demeurant au Monastier, arrondissement du Puy, département de la Haute-Loire, et Jean-Charles Merot, et Dame Margueritte Edmée Janniot, son épouse.... demeurant à Joigny, département de l'Yonne, de présent à Paris, logés rue Vieille-du-Temple, n° 124... pour assister et autoriser Mlle Edmée Cornélie Merot, leur fille mineure, demeurant chez M. Labbé, son oncle, instituteur, rue de la Pépinière, n° 63.

Article premier. — Communs en tous biens, meubles et conquets immeubles...

Art. 3. — Le futur époux apporte en mariage la somme de trois mille francs, tant en argent... que dans la valeur de ses habits, linges et hardes...

Art. 4. — M. et Mme Merot... constituent en dot... à la Demoiselle future épouse, leur fille, en avancement d'hoirie de leur succession... la somme de trois mille francs en argent.

Art. 5. — Des biens des futurs époux, il entrera de part et d'autre en communauté la somme de mille francs pour former un fonds de deux mille francs de surplus des dits biens, et ce qui pendant le mariage adviendra et échéra aux époux par successions, donations, legs ou autrement, soit en meubles, soit en immeubles, sera exclu de la communauté.

L'article 9 a trait à la donation au survivant de tous les biens, meubles et immeubles qui composeront la succession dudit prémourant, sous réserves d'enfants à naître ; dans ce cas, la donation devait être réduite à la moitié.

Les futurs conjoints fondaient un foyer sous d'heureux auspices, même avec des garanties certaines de bonheur. Jeunes tous deux, unis par la tendresse, ils l'étaient aussi par la communauté de leurs biens.

Trois filles naquirent de ce mariage : Marie-Cornélie Falcon, 28 janvier 1814 ; Jenny Falcon, 23 décembre 1819 ; Zoé-Euphémie Falcon, 19 octobre 1821. Toutes trois furent baptisées à Saint-Eustache, la rue Béthisy dépendant de cette paroisse.

Les actes de naissance et de baptême dont nous avons relevé les dates, prouvent péremptoirement que Pierre Falcon et Edmée Merot, son épouse, eurent trois enfants ; si, cependant, un doute quelconque pouvait encore subsister à cet égard, la lettre suivante est de nature à réduire à néant l'assertion tendant à prétendre que Cornélie Falcon n'aurait eu qu'une sœur : Jenny Falcon, comédienne, qui se maria avec Dimitri Nariškine alors qu'elle était en représentations à Saint-Pétersbourg, au Théâtre Michel :

Monsieur de Luzy,

Je présente mes civilités à M. de Luzy et le prie de me donner trois parterres, trois orchestres et deux quatrièmes. M. Duponchel m'a promis de me donner des places pour *mes sœurs*. Je prie donc Monsieur de Luzy d'avoir la complaisance de le lui rappeler.

Cornélie FALCON.

Cela est formel ; Cornélie Falcon dit elle-même qu'elle a des *sœurs*. Considérons à présent la date de naissance de notre cantatrice.

Il a régné une certaine indécision relativement à cette date, les années 1812 et 1814 ayant été assignées toutes deux à cet événement, lors du décès de l'artiste, par des journalistes peu au fait des détails biographiques de sa vie, erreur fâcheusement perpétuée par le Dictionnaire Larousse. Il est bien évident que Cornélie Falcon ne pouvait naître en 1812, le mariage de ses parents datant du mois de décembre de l'année 1812, comme nous l'avons vu. La vérité est qu'elle naquit à Paris le 28 janvier 1814, ainsi que le prouve son acte de naissance conservé aux archives de la Seine :

FALCON

Extrait du registre des actes de naissance du 4e arrondissement de Paris, 1814.

Du vingt-neuf janvier de l'an mil huit cent quatorze à midi un quart.

Acte de naissance de Marie Cornélie, du sexe féminin, née d'hier, à midi, rue Béthisy, 10, quartier Saint-Honoré, fille de Pierre Falcon, tailleur, et de Edmée Cornélie Merot, son épouse.

Premier témoin, Jean Charles Merot, âgé de cinquante-huit ans, rentier, Vieille rue du Temple, 124, ayeul maternel de l'enfant.

Second témoin, Charles Goffart, âgé de quarante-trois ans, marchand de vins, rue de l'Arbre-Sec 24, ami.

Sur la réquisition du père présent qui, après lecture faite, a signé avec les témoins.

Falcon, Merot, Goffart.

Constaté suivant la loi par moi. René Bonnaventure Lelong, maire du quatrième arrondissement de Paris, chevalier de l'Empire et officier de l'Etat civil soussigné.

LELONG.

Ainsi, celle qui plus tard devait être idolâtrée du public de l'Opéra, naissait en plein cœur de Paris (1), dans un milieu d'artisans et de petits bourgeois. Son père, tailleur, sa mère, sans profession déterminée, était la fille d'un homme qualifié de rentier à 58 ans, ce qui n'implique pas qu'avant cet âge, il ne se soit adonné à un métier ; cette hypothèse est même très plausible. Il se peut, effectivement, que la fortune dont il jouissait à l'époque du mariage de sa fille, il l'ait acquise en exerçant un négoce quelconque avant de se retirer à Joigny. Le second témoin à la déclaration de naissance, ami de la famille,

(1) La rue Béthisy, aujourd'hui disparue, commençait rue des Bourdonnais et finissait rues du Roule et de la Monnaie (Dict. de La Tynna).

est un voisin, marchand de vins rue de l'Arbre-Sec. Et c'est dans l'arrière-boutique d'un tailleur, portant pour enseigne *A l'Habit rouge*, que naît Marie-Cornélie Falcon, fleur rare s'il en fût.

On va quelquefois à sa destinée par des routes imprévues. Cornélie Falcon fournit un exemple d'exception à notre conception de l'atavisme. Elle échappe aux lois les plus élémentaires de l'atavisme direct, atavisme duquel il résulte souvent que, au moral comme au physique, nous ressemblons à certains de nos ancêtres, atavisme dont les dynasties d'artistes qui fleurirent aux XVIIe, XVIIIe et même au début du XIXe siècles, sont la vivante et complète expression, Rien, en effet, ne semblait destiner Falcon au rôle important qu'elle devait jouer par la suite dans l'art lyrique de son temps ; au contraire, tout paraît avoir été combiné pour l'éloigner de la carrière qu'elle embrassa et dont, au reste et tout d'abord, elle ne voulait pas entendre parler.

Quelles sont donc les raisons qui aiguillèrent Cornélie Falcon sur la voie parcourue avec tant de réussite ? Elles tiennent à plusieurs causes : 1° ses dons vocaux ; 2° l'appréciation intelligente de son premier maître de chant ; 3° la volonté de son père.

Dès son âge le plus tendre, Cornélie tressaillait d'aise lorsque la voix de sa mère, s'employant à l'endormir, murmurait à son oreille de mélancoliques berceuses rapidement apprises et bientôt répétées par elle, cela pour la plus grande joie des commères du voisinage, venues pour l'entendre, et qui, émerveillées, la comblaient de joujoux et de pralines. A quatre ans, on la considérait comme un petit prodige.

Quand Cornélie eut six ans, sa sœur Jenny venait de naître. Devant cet accroissement de la famille et en raison du métier qu'exerçaient les Falcon, métier ne leur permettant pas de donner à leur progéniture les soins qu'elle exigeait, on mit Cornélie en pension chez des sœurs aux environs de Paris. Là, la fillette fut adulée de toutes les religieuses, subjuguées par le charme, la pureté et la puissance de sa voix. Le professeur de chant du couvent, un Italien, ne tarissait pas d'éloges sur son élève, et toutes les fois qu'il rencontrait le père de Cornélie, il ne manquait pas de lui tenir le même langage : « Sachez le bien, Mossié Falconé, ouné fois per toutes, Cournélie sera oune jour ouné première sioujete de l'Oupéra ; écoutez-moi, faité la entrer au Conservatoire. Keroubini est moun ami et zé loui confieré votré petite. » Le brave Italien fut bon prophète !

Pendant longtemps, le père de Cornélie ne tint pas compte des propos du musicien, mais à la fin il se laissa convaincre et lui dit un jour : « Demain j'irai voir ma fille, je lui parlerai de ce projet, mais j'ai grand'peur de ne pouvoir la décider ; ce sera d'autant plus dur de réussir que je n'ai pu, à ce sujet, obtenir le consentement de ma femme.... » — « Ecouter les femmes, Mossié Falconé, cé écouter le diable, marcé touzours », répondit l'Italien en zézayant.

Le lendemain, en effet, « Mossié Falconé » vint au couvent afin de rallier sa fille au projet qu'il formait. Ce fut au parloir une scène au cours de laquelle les larmes de Cornélie coulèrent abondamment : « Non, papa, disait-elle en se traînant aux genoux de son père, non, je ne veux point me damner, je ne veux point partir d'ici, je veux me faire religieuse. » — « C'est ce que nous verrons », répondit le père en quittant brusquement sa fille.

M. Falcon ne se souciait nullement de voir sa fille embrasser la profession monacale. Pendant deux ans, il dut lutter presque continuellement pour vaincre la volonté de Cornélie. Si grande était l'emprise exercée par les religieuses sur son esprit que, malgré les objurgations de son père, seule, la menace de la faire sortir de force du couvent arriva à fléchir sa résistance.

Quel événement dans le monastère le jour où Cornélie quitta le pensionnat où le destin l'avait placée ! « Vous nous reviendrez, disait la supérieure en embrassant la jeune fille; prenez cette médaille de la Vierge et portez-la en souvenir de moi », et elle ajoutait : « Que va devenir, désormais, sans vous, notre chapelle les jours de fête ? » Effectivement, des alentours, et même d'assez loin, on venait à la petite église des Visitandines pour entendre la voix de Cornélie Falcon qualifiée de : *voix céleste* par les dévotes attendries...

.....Cornélie Falcon ne revint jamais, du moins en tant que religieuse, mais elle porta toujours la médaille que lui avait donnée la supérieure du couvent.

Finalement, passant du sacré au profane, Cornélie Falcon, alors qu'elle venait d'atteindre sa treizième année, franchissait la porte du Conservatoire de musique. Admise le 6 février 1827 dans la classe de solfège de Henry, elle y obtenait en 1829 un second prix. Cela n'était qu'un prélude aux brillantes études qu'allait faire Cornélie Falcon dans l'école instituée définitivement, par décret en date du 16 thermidor an III (3 août 1795).

Successivement et d'emblée, il était décerné à Cornélie Falcon trois premiers prix : premier prix de vocalisations, en 1830 (classe Henry), qui, on le voit, cumulait les doubles fonctions de professeur de solfège et de vocalisations ; premier prix de chant en 1831 (classe Pellegrini), et la même année 1831 le premier prix de déclamation lyrique dans la classe d'Adolphe Nourrit. Cette dernière récompense était attribuée, avec la plus grande distinction, à une élève considérée déjà comme une artiste.

La discipline à laquelle avait été assujettie Cornélie Falcon, au couvent des Visitandines, avait sans doute façonné son esprit de telle sorte qu'il était à la fois capable et heureux d'accepter la règle qu'on lui imposait. Toujours est-il qu'au Conservatoire, Cornélie Falcon fut une élève assidue, attentive, ayant le plus profond respect de ses maîtres, maîtres éminents au surplus, dont elle s'assimila intégralement les précieuses leçons.

Précieux, en effet, des conseils comme ceux-ci, résumé de la science vocale :

Soignez bien la qualité du son, disait Nourrit, chantez librement et sans effort, n'exagérez pas l'expression et le sentiment, et, avant tout, pensez au charme qui est la plus grande puissance de la musique. La musique doit aller jusqu'au cœur, mais il faut qu'elle passe par l'oreille. Rappelez-vous bien que pousser la voix n'est pas la faire sortir, crier n'est pas chanter.

De tels grains déposés dans un riche terrain devaient évidemment lever : belle fut effectivement la moisson.

Cornélie Falcon obtenait un premier prix de chant, *première nommée*, dirait-on aujourd'hui; la seconde mention étant réservée à son camarade Derivis fils, élève aussi de Pellegrini.

Si l'on veut savoir de quelle nature était fait le talent précoce de la nouvelle lauréate, il est assez difficile de l'apprendre, peu de comptes rendus nous renseignant à ce sujet, à propos des concours auxquels Falcon prit part.

Malgré la distinction particulière dont Cornélie Falcon avait été l'objet de la part du jury, certain critique, tout en déclarant que : « Les prix ont été justement adjugés », et en reconnaissant aussi qu'elle pouvait un jour devenir *une artiste*, portait sur la jeune lauréate des jugements assez sévères.

CORNÉLIE FALCON

La Revue musicale, publiée par Fétis, contient, à la date du samedi 20 août 1831, un article sur les concours du Conservatoire de cette année, article duquel nous extrayons ce qui suit, ayant trait à Falcon :

Il me reste à parler de trois élèves qui, à mon avis, laissent deviner le plus d'avenir...

La voix de Mlle Falcon est belle et puissante ; c'est ce qu'on appelait autrefois au Conservatoire une voix de ***grand opéra***. La qualité en est un peu rude et demande du travail. Mlle Falcon devrait faire des gammes chaque jour pendant une heure. Les défauts qu'elle doit éviter, c'est de chanter du nez, de crier dans les sons hauts, d'attaquer la note en dessous par une traînée. Les qualités qu'elle s'efforce d'acquérir et qui lui manquent encore, c'est l'égalité des registres, du corps dans les sons graves, de la netteté dans la prononciation, de la suavité dans les trois modifications de la voix.

Et plus loin :

Il n'est d'aucune utilité de remuer le corps comme Mlle Falcon.

Le rédacteur anonyme de *La Revue musicale* n'est pas tendre, on le voit, pour Cornélie Falcon. En constatant les multiples coups de règle qu'il lui assène, on se demande ce qu'il reste vraiment à la pauvre petite pour justifier l'appréciation portée sur elle au début de notre citation, à savoir qu'elle est l'un des trois élèves laissant deviner le plus d'avenir ?... Pardon, ***une voix belle et*** *puissante*, c'est déjà quelque chose ! Ces dons font même partie de ceux qu'il est indispensable de posséder pour réussir au *grand opéra*.

Au mois de novembre de la même année 1831, c'est-à-dire trois mois environ après l'époque des concours, eut lieu, au Conservatoire, la distribution des prix.

Contrairement à l'habitude, un ministre, *en personne*, présidait à la solennité ; ce fait, qui nous paraîtrait si simple aujourd'hui, affectait alors l'allure d'un événement. Le duc de Choiseul, président de la commission chargée de la haute surveillance de l'Opéra et du Conservatoire, ne manqua pas de le rappeler au début du discours qu'il prononça, l'année suivante, en ouvrant la cérémonie de la remise des récompenses aux élèves du Conservatoire.

Dans le programme du concert qui terminait la fête scolaire, présidée par le ministre des Beaux-Arts, on avait placé Cornélie Falcon de telle sorte qu'elle paraît avoir été intentionnellement réservée comme devant en représenter le *coronat opus* : c'est elle, effectivement, qui clôt la séance.

Le compte rendu, plus aimable cette fois, placé dans *La Revue musicale* à la date du 26 novembre 1831, va nous faire connaître la scène de concours qui valut à Cornélie Falcon son premier prix de déclamation lyrique : c'est avec le dernier acte du *Siège de Corinthe* qu'elle obtint cette distinction.

Voici comment s'exprime Fétis :

Les spectacles gratis, de quelque genre qu'ils soient, ne manquent jamais de curieux ; je serai donc cru sur parole quand je dirai que l'assemblée était brillante à la distribution des prix du Conservatoire.

Depuis quelques années, ces solennités ont acquis de l'intérêt parce que le concert d'élèves qui les termine s'est amélioré sensiblement. Cette fois plus d'un motif devait exciter la curiosité du public : une sorte d'éclat inaccoutumé était accordé au triomphe des lauréats ; un ministre présidait lui-même à la distribution des couronnes, et faisait retentir les paisibles voûtes de l'école du bruit harmonieux de son éloquence parlementaire !...

. . . .

Quelques scènes du dernier acte du *Siège de Corinthe* ont terminé le concert ; elles ont été rendues en général de manière à satisfaire l'auditoire. Mlle Falcon est une belle et jeune personne qui paraît destinée à obtenir des succès au théâtre. Sa prononciation est bonne et son action dramatique chaleureuse. J'ignore si le peu d'habitude d'entendre l'orchestre ne lui a pas permis de bien saisir le ton, mais elle a chanté généralement trop haut. Il faut attendre pour la juger sous le rapport de l'intonation.

Détail intéressant à glaner : à cette époque, les élèves instrumentistes, groupés et formant un orchestre prenaient part à la distribution des prix, alors qu'actuellement, la classe d'orchestre ne se fait entendre que dans l'exercice d'élèves réservé à cet effet par la direction du Conservatoire.

La manière dont on procédait jadis offrait de précieux

avantages aux chanteurs qui, ayant été déjà accompagnés par un orchestre, en connaissaient un peu la puissance sonore, et pouvaient, dès lors, doser l'émission vocale de leur organe lorsqu'ils debutaient à l'Opéra ou à l'Opéra-Comique. A notre avis, il serait donc bien, il serait sage qu'on en revînt à ce mode d'enseignement. De plus, cette façon de faire permettait de présenter à la distribution des prix le devoir ayant valu la plus haute récompense à un élève des classes de composition musicale.

En la circonstance, outre les scènes du *Siège de Corinthe,* on entendit une ouverture composée par M. Millaut, premier second grand prix de Rome en 1830, morceau goûté par Fétis, « bien que le jeune compositeur ait peut-être un peu trop usé des instruments de cuivre ».

Quoi qu'il en soit des divers jugements portés sur Falcon, voilà l'ancienne pensionnaire des Visitandines, alors qu'elle n'a pas encore atteint sa dix-huitième année, sortant du Conservatoire de musique le front ceint de lauriers, munie d'un exeat indiquant que, dorénavant, l'élève peut travailler seule, sans le secours de ses maîtres desquels, au reste, elle est hautement appréciée et estimée. La route à suivre s'ouvrait devant elle, large, belle, unie ; ses débuts à l'Académie royale de musique étaient assurés.

CHAPITRE II

La direction Véron. — Débuts de Cornélie Falcon à l'Opéra (« Robert le Diable » ; « Moïse »).

La plupart des grandes écoles de l'Etat, dans lesquelles on entre par concours, garantissent aux élèves ayant terminé leurs études, et munis d'un diplôme, une situation rémunératrice dans un des services de l'administration civile ou militaire. Par contre, le Conservatoire national de musique et de déclamation n'offre pas de débouché aux instrumentistes sortis des classes de cet établissement, il ne les conduit à aucune fonction officielle. Comme à présent il y a pléthore d'instrumentistes, ceux mêmes qui sont titulaires d'un premier prix doivent passer un concours lorsqu'ils prétendent faire partie de l'orchestre de l'Opéra ou de l'Opéra-Comique. Cette école, où les musiciens exécutants acquièrent une excellente technique, est en somme une pépinière d'instrumentistes pour les orchestres de tous ordres : symphoniques, de théâtres, cinémas et brasseries.

Pour ce qui est des chanteurs et des comédiens, il

TRIO de "*ROBERT LE DIABLE*"

5e Acte

LEVASSEUR, ADOLPHE NOURRIT et CORNELIE FALCON

Peinture de G. LEPAULLE (1835)

(Musée de l'Opéra)

en va tout autrement. Ceux-ci, en effet, dès qu'ils sont nantis d'une récompense conquise au Conservatoire, acquièrent *ipso facto* le droit de débuter dans l'un des quatre théâtres subventionnés par l'Etat : Opéra, Opéra-Comique, Théâtre Français, Odéon.

En ce qui concerne Cornélie Falcon, bien que les règlements du Conservatoire lui donnassent le droit absolu de débuter à l'Opéra, point ne fut besoin que ces règlements agissent à cet égard sur la détermination du directeur d'alors.

Lorsque Cornélie Falcon concourut au Conservatoire et y obtint ses premiers prix de chant et de déclamation lyrique, parmi les membres du jury siégeait un personnage que ses nouvelles fonctions avaient placé là en cette qualité : c'était Véron, directeur de l'Opéra.

Le vie de cet homme est extrêmement curieuse, elle vaut la peine d'être narrée.

Louis-Désiré Véron naquit le 5 avril 1798. Intelligent et cultivé, il était docteur en médecine en 1823 et avait été interne des hôpitaux de Paris, nommé au concours de 1821. Médecin assez distingué, il tint avec Baron le service des Enfants-Trouvés, puis délaissa la médecine, sans toutefois l'abandonner complètement, car il aimait, il le dit lui-même, « cette pratique si émouvante de la médecine », pratique qui l'amena à publier un premier cahier d'observations et de commentaires sur les maladies des enfants nouveau-nés.

Il fonde en 1829 *La Revue de Paris*. Voici comment il explique les raisons qui déterminèrent sa résolution :

> En 1829, il n'y avait alors qu'un seul journal littéraire ; il se publiait sous la direction et par les expédients de M. Gentil qui fut, pendant ma direction, conservateur du matériel de l'Opéra. Ce journal était *Le Mercure*.
>
> M. Gentil, qui avait souvent des éclairs d'esprit et de bon sens, inspirait de jeunes écrivains inconnus et leur donnait ainsi les encouragements d'une certaine publicité ; c'était à peu près tout ce qu'il leur donnait. La clientèle du *Mercure* ne fournissait qu'un bien petit budget de rédaction. M. Gentil était l'auteur de ce jugement bref et célèbre : *Racine est un polisson*.
>
> En fondant *La Revue de Paris*, je voulus ouvrir, au contraire, les deux battants d'une grande publicité à tous les jeunes talents encore obscurs, comme à tous les écrivains déjà célèbres, et en même temps, assurer aussi une certaine rémunération aux compositions littéraires qui demandaient trop de développements pour être réduites aux proportions d'un article de journal, mais qui n'en pouvaient point fournir assez pour défrayer un livre. Mon budget annuel de rédaction s'élevait à 40.000 francs. Que de petits chefs-d'œuvre, que de jeunes talents ignorés ont pu se produire au grand jour dans *La Revue de Paris* avec ces 40.000 francs ! Le moment était d'ailleurs heureux à faire de la littérature.

Directeur de l'Opéra, en 1831, le voilà, en 1844, directeur du journal *Le Constitutionnel*, « mais avec la résolution de ne jamais prendre la plume comme écrivain politique ».... c'est alors, qu il le devint. Il fut élu député de la Seine en 1852.

Voilà, tracée à larges traits, l'existence de l'homme intéressant, attractif, que fut Véron. A côté des faits saillants de sa vie publique, il y eut, naturellement, des contingences, et ce sont justement ces contingences qui comptèrent en partie dans l'opinion et l'appréciation de ses relations et du public.

Véron, dandy fastueux, devint célèbre par de menus détails de son train de vie, même de sa mise. Son cabriolet, ses chevaux, son cocher anglais étaient réputés ; quant à sa cravate, on peut juger de la célébrité qu'elle eut par l'amusante façon dont cette énorme cravate est chantée dans la pièce de vers suivante :

SUR M. VÉRON QUI S'ÉTAIT PERDU UN JOUR CHEZ AGUADO A PETIT-BOURG

Un certain jour chez Aguado
Où se rendait maint diplomate,
De certain directeur nouveau
On cherchait la mine autocrate,
On le cherchait dans le château,
On le trouva dans sa cravate.

Charles de Boigne, écrivain spirituel et documenté, est parfois partial à l'égard de Véron. Relativement aux fameux dîners donnés par Véron dans sa demeure de la rue Caumartin, l'auteur des *Petits Mémoires de l'Opéra* tend à démontrer que l'habile directeur se tirait à bon compte de ces agapes diplomatiques, cela grâce à un admirable cordon bleu répondant au nom de Sophie « Caleb en casaquin et bonnet tuyauté, qui toute sa vie n'eut qu'une idée, une pensée, un but : faire passer pour de la prodigalité les vertus économiques de son Ravenswood ». Cette insinuation est au moins exagérée : s'il n'était pas prodigue, Véron savait dépenser largement lorsqu'il le fallait.

La pâte pectorale connue, encore à présent, sous le nom de *Pâte Regnault,* fut pour Véron une autre cause de popularité et aussi un sujet de moqueries. Ce produit pharmaceutique, qu'il commanditait, lui constitua une source d'importants revenus.

L'opinion de Gentil sur Racine, opinion énoncée en une phrase lapidaire transcrite plus haut, nous remet en mémoire le jugement porté sur Victor Hugo par un des romanciers les plus en renom de l'époque actuelle. C'était au cours d'un dîner dans lequel l'écrivain en question, causeur au reste intéressant, charmant et prolixe, présentait une véritable thèse sur le romantisme ; sans doute entraîné par son sujet, il conclut ainsi : « On peut dire que Victor Hugo est un imbécile. »

Des affirmations de ce genre, comme aussi celle qu'a osé écrire, à propos de Wagner, un « compositeur d'avant-garde », à savoir qu'au programme de l'un des concerts dominicaux donnés à Paris figurait « l'affreux prélude de *Lohengrin* », font infiniment plus de tort à ceux qui les émettent qu'aux hommes de génie qui les ont suggérées dans l'esprit troublé de leurs détracteurs.

Mais revenons nous-même à notre propre sujet, dont, momentanément, nous nous sommes écarté.

Les événements politiques qui se succédèrent en France depuis la fin du premier Empire jusqu'à la Révolution de 1830, contraignirent M. de Montalivet, ministre de l'Intérieur sous le règne de Louis-Philippe, à chercher une combinaison moins onéreuse que celles en vigueur jusqu'alors pour l'exploitation de l'Opéra. La solution imaginée par la commission de surveillance des théâtres, commission présidée par M. le duc de Choiseul-Praslin, fut de mettre l'Opéra en régie intéressée.

On chercha un directeur-entrepreneur offrant des garanties suffisantes, et le choix se porta sur Véron.

Véron avait d'abord refusé de se charger d'un aussi lourd fardeau que celui de la direction et de l'administration de l'Académie royale de musique, au lendemain d'une révolution, et alors que le théâtre était abandonné du public; mais après quinze jours de réflexion il s'était dit : « La Révolution de juillet est le triomphe de la bourgeoisie : cette bourgeoisie victorieuse tiendra à trôner, à s'amuser ; l'Opéra deviendra son Versailles, elle y accourra en foule prendre la place des grands seigneurs et de la cour exilés »..... il accepta.

Après bien des démarches, de nombreuses conversations qu'il a longuement consignées dans son ouvrage : *Mémoires d'un bourgeois de Paris*, la nomination de

Véron aux fonctions de *directeur-entrepreneur* de l'Opéra était effective le 28 février 1831. A ce propos, il arriva une assez désagréable aventure à Lubbert qui remplissait encore les fonctions de directeur de l'Opéra pour le gouvernement ; la voici racontée par Véron : « Le lendemain matin (29 février 1831) il se produisit un singulier quiproquo. Le pli qui contenait ma nomination avait pour suscription : « A M. Véron, directeur de l'Opéra. » Le cavalier d'ordonnance chargé de la lettre la porta à la direction de l'Opéra, rue Grange-Batelière, au lieu de la porter à mon domicile. Cette lettre fut aussitôt remise à M. Lubbert qui apprit ainsi sa destitution. » Le pauvre directeur dépossédé n'eut plus qu'une ressource : se rendre à Alexandrie où il comptait exercer son activité en fondant, en Egypte, un théâtre, un musée ou toute autre institution des états européens ; il ne réussit qu'à faire un agréable séjour chez son ami, le consul de France.

Le cahier des charges, au reste assez peu draconien, proposé à Véron et soumis à son acceptation et à sa signature, comportait vingt-neuf articles dont le premier était ainsi conçu :

Article premier. — L'Administration de l'Académie royale de musique, dite Opéra, sera confiée à un directeur. entrepreneur qui l'exploitera pendant six ans à ses risques, périls et fortune, aux charges, clauses et conditions suivantes.

Quoique lié par un cahier des charges, Véron, bien plus que tout autre directeur, n'en avait pas moins les coudées franches, cela en raison même des clauses de son traité, et du fait qu'il était directeur-entrepreneur à ses risques et périls. On lui octroyait une subvention de 800.000 francs pour la première année, 760.000 pour les deuxième et troisième et 710.000 pour les trois dernières années ; à cela se limitait la participation de l'Etat ; s'il y avait un déficit, il n'incombait qu'au directeur-entrepreneur.

En fait, Véron était omnipotent, et Charles de Boigne a pu dire justement : « Depuis M. Véron, on a régné à l'Opéra, mais *personne* n'y a gouverné. Il n'a légué à *personne* son sceptre moitié or, moitié fer. »

Véron fut assurément un grand directeur. Non seulement il sut donner à l'Opéra un immense rayonnement artistique, mais encore il trouva le moyen de gagner de l'argent là où tous en avaient perdu.

Les deux aspects de cette étonnante réussite étaient notoires ; en sorte que l'opinion suivante émise par un rédacteur de *La Revue musicale*, à la date du samedi 24 août 1833, traduit exactement l'expression de la vérité :

L'entrepreneur actuel de l'Opéra, M. Véron, a résolu un problème important resté à peu près insoluble depuis la mort de Lulli. Ce problème est celui de la prospérité financière de ce spectacle, malgré l'énormité des dépenses. Lulli avait eu le secret que M. Véron a retrouvé depuis : celui de gagner des sommes considérables dans une entreprise qui a causé la ruine de tous ceux qui s'y sont engagés.

Ainsi que nous le disions plus haut, Véron n'eut pas besoin d'être contraint par les règlements en vigueur au Conservatoire pour engager Cornélie Falcon. Malgré l'excellence de la troupe que comportait alors l'Opéra, en directeur intelligent et perspicace, Véron comprit de suite les services qu'une jeune artiste telle que Falcon pouvait rendre, et s'empressa de l'attacher à l'Académie royale de musique. C'était un coup de maître : Cornélie Falcon devait faire courir tout Paris.

L'entrée de Cornélie Falcon à l'Opéra était décidée au lendemain de ses succès scolaires au Conservatoire; toutefois, elle ne fut officielle que trois semaines avant son début dans *Robert le Diable*, le 20 juillet 1832. Elle signait tout d'abord un engagement de 3.000 francs par an (270 francs par mois) allant du 1er juillet 1832 au 1er avril 1833 ; mais si grand, si complet fut le succès qu'elle obtint dans l'ouvrage de Meyerbeer, que la direction de l'Opéra n'attendit pas l'expiration de ce premier contrat pour lui en faire signer un autre, montrant, par cet empressement, dans quelle estime elle tenait la nouvelle recrue.

Aux termes de ce deuxième engagement, le taux des honoraires de Cornélie Falcon faisait déjà un bond considérable. Ce nouvel engagement était conclu aux conditions suivantes : il partait du 1er novembre 1832 et allait jusqu'au 31 octobre 1834 à raison de 8.000 francs par an, soit 666 francs 66 par mois, plus 30 francs de feux la première année ; 10.000 francs d'appointements par an la seconde et 35 francs de feux pendant le cours de cette seconde année ; la direction avait décidément compris qu'il fallait s'attacher une artiste de cette valeur, réalisant si pleinement les espérances fondées sur elle.

Les états d'appointements appartenant aux archives de l'Opéra continueront à nous renseigner sur la marche, sans cesse ascendante, du taux des honoraires attribués à Falcon par la suite.

Le choix de *Robert le Diable* pour le début de Cornélie Falcon tint à diverses causes : 1° le désir qu'avait tout naturellement Véron de reprendre un ouvrage, monté par lui, et dont les représentations triomphales avaient été interrompues par le départ de Levasseur, admirable Bertram ; 2° en raison de ce fait que les qualités du talent de Falcon s'adaptant exactement aux différents aspects du rôle d'Alice, le directeur voulait présenter sa nouvelle pensionnaire sous son jour le plus favorable ; 3° parce que le congé de Levasseur étant terminé, cette reprise lui permettait de reparaître à l'Opéra dans le rôle qu'il avait marqué de toute sa personnalité quelques mois auparavant.

Véron, un des premiers, ayant pressenti la puissance de la réclame, deviné le pouvoir de l'annonce, ne manqua pas, en la circonstance, d'exercer son habileté le mieux qu'il put. Par des notes adroitement placées dans les journaux, il sut éveiller l'attention du public, piquer sa curiosité, en annonçant, en répétant, en affirmant qu'une nouvelle étoile venait de paraître au firmament de l'art lyrique, et que cette merveille allait débuter dans *Robert.* En somme, qu'il ait cru ou non en l'avenir de Falcon, il la « lança » parfaitement.

On a prétendu que Véron aurait été l'inventeur de la « claque », cela n'est pas exact ; il s'est servi de ce vulgaire moyen d'action sur le public, mais, avant lui, dès 1824, cette arme à double tranchant tua un ouvrage qui eût pu vivre sans elle. Voici dans quelles circonstances le « meurtre » fut consommé :

> *Les Deux Salem,* opéra-féerie en un acte, musique de Daussoigne, paroles de Paulin de Lespinasse. chorégraphie de Gardel, représenté pour la première fois le lundi 12 juillet 1824, dut son insuccès — chose étrange ! — à la présence de la première claque qui ait été réellement organisée à l'Opéra un jour de première représentation. Le parterre se sépara en deux camps et devint la lice d'un tournoi à coups de poing, qui se termina par l'expulsion des claqueurs et la chute de la pièce. (Th. de Lajarte.)

Pour Cornélie Falcon, le grand jour approchait, enfin il arriva.

Une petite affiche oblongue, bien modeste, conservée aux archives de l'Opéra, annonça cette représentation mémorable ; elle porte : « Aujourd'hui, 20 juillet 1832, pour la rentrée de M. Levasseur et les débuts de Mlle Falcon, la reprise de *Robert le Diable*, 41e représentation », et, au-dessous : « M. Ad. Nourrit remplira le rôle de Robert et Mlle Dorus celui d'Isabelle. »

Sauf Lafont (Raimbaut), qui prit cependant part à cette représentation, dont le nom ne figure qu'au bas de l'affiche, en ligne au milieu des autres, tous les protagonistes de *Robert* sont placés « en vedette ». Quant à Mme Damoreau, créatrice du rôle d'Isabelle, ce soir-là elle était remplacée par Mlle Dorus, laquelle avait dû abandonner à Falcon le rôle d'Alice qu'elle avait créé.

Le public répondit à l'appel. Bien que spacieuse (elle contenait 1.750 places), la salle de la rue Le-Peletier, inaugurée onze ans auparavant, le 16 août 1821, paraissait, ce soir-là, trop exiguë pour la foule des assistants qui se pressait aux différents étages. Le « Tout Paris » d'alors était là. Tout ce que la grand'ville renfermait d'illustre par l'esprit, le talent, la beauté, la noblesse, avait tenu à assister à cette triple solennité.

Si Mlle Georges, l'une des assistantes de cette mémorable soirée, put se prévaloir d'avoir joué devant un parterre de rois, grâce à ses relations avec le Premier Consul, Cornélie Falcon dut à un heureux ensemble de circonstances de débuter devant un auditoire aussi choisi en son genre. Musiciens, peintres, sculpteurs, hommes de lettres et de théâtre, chanteuses, tragédiennes, comédiennes, danseuses, femmes auteurs, dames du monde et hommes de qualité formaient une corbeille aux mille aspects. Qu'on en juge par ces quelques noms :

Mlle Mars, Mlle Georges, Mme Dorval, la Malibran, George Sand, Mme Victor Hugo, Giulia Grisi, Mme de Girardin, Mlle Eugénie Doche, la princesse Clémentine, Mme Juge, Mme Gibus, la belle chapelière, la superbe ambassadrice d'Espagne Mme de Toreno, Mlle Duchesnois, Mme Branchu, Théophile Gautier, Jules Sandeau, Jules Janin, Arsène Houssaye, Gérard de Nerval, Alexandre Dumas, Janvier de la Motte, Alfred de Musset, le comte Clément de Ris, Frédéric Soulié, Fétis, Castil-Blaze, Henri Blaze de Bury, Berlioz, Sainte-Beuve, Saint-Marc-Girardin, Benjamin Constant, le prince de Talleyrand, le comte de Montalivet, Armand Bertin, le duc de Choiseul-Praslin, Edmond Blanc, Halévy, Adolphe Adam, d'Henneville, Royer-Collard, Thiers, le comte d'Argout, Cherubini, Auber, Scribe, Rossini, Paul de Kock, Eugène Sue, Louis Véron, de Rémusat, Decamps, Isabey, Ary Scheffer, Philippon, Daumier, Devéria, Greveson, Diaz, etc., etc.

Les magnifiques qualités vocales apportées au rôle d'Alice par Cornélie Falcon et l'intéressante composition qu'elle fit de ce personnage, produisirent une vive impression sur l'auditoire d'élite devant lequel elle parut à ce premier début ; de plus, les agréments de sa personne achevèrent de conquérir tout le monde. C'est que, si Falcon possédait une ample et puissante voix de soprano, apte aux accents les plus divers, elle était aussi une fort belle personne. De haute stature, elle avait un port majestueux. Son mobile visage ovale, que seul déparait légèrement un assez grand nez très busqué, reflétait toutes les impressions de l'âme ; de grands yeux noirs, surmontés d'épais sourcils d'une belle arcature, l'éclairaient, l'illuminaient. Une bouche, dont la lèvre inférieure, un peu épaisse, indiquait la bonté, et une opulente chevelure brune complétaient le portrait qu'on peut rapidement tracer de Cornélie Falcon d'après les récits et les documents iconographiques que nous avons d'elle. Falcon possédait en somme un magnifique physique de théâtre, précisément le physique convenant aux rôles que lui assignait son organe vocal.

Alice était le personnage par excellence permettant à Cornélie Falcon de faire apparaître deux côtés fondamentaux de son essence : le charme et l'énergie, et d'extérioriser aussi les sentiments religieux inculqués en elle par les sœurs Visitandines chez lesquelles elle avait été en pension quelques années auparavant. Il semblait que toutes les pensées pieuses enfouies au fond de son âme d'enfant, surgissant tout à coup, eussent trouvé leur meilleur mode d'expression, et que, par une sorte de miracle digne des seuls grands interprètes, les impressions d'Alice et les siennes propres, se confondant, formassent un tout homogène et comme cristallisé en son esprit. Alice, douce et touchante jeune fille, nature de salvatrice, véritable antithèse de *l'esprit du bien* s'opposant à *l'esprit du mal* personnifié par Bertram, sorte de Micaëla longtemps avant celle de Bizet, comme elle volontaire et courageuse : c'était Cornélie Falcon. Aussi quelle vérité dans les accents de sa voix, dans les élans de son interprétation ! Ce rôle, dont elle avait compris le double aspect, s'était à ce point emparé d'elle, elle l'avait tellement pénétré et il l'avait à son tour pénétrée si profondément, qu'elle en fit un personnage nouveau, lui conférant toute sa signification et son importance dans le drame ; de telle sorte qu'elle effaça l'impression produite par la créatrice du rôle, Mlle Dorus. Aux yeux de tous, Falcon fut la révélatrice du personnage.

Il y a dans le caractère d'Alice, disait la *Revue des Deux Mondes*, deux natures bien distinctes : l'une est soumise et timide, l'autre énergique, violente, enthousiaste. Mlle Dorus n'a vu dans ce rôle que la première, et l'a développée jusqu'au jour où Mlle Falcon a révélé tout ce qu'il y avait de force, d'aspiration et de mâle puissance dans cette création de Meyerbeer qui, un jour, en extase devant son interprète, oublia, comme il l'avait déjà fait à Berlin devant une autre de ses interprètes, de battre la mesure.

Jules Janin nous montrera encore l'immense admiration que Falcon fit naître chez l'auteur de *Robert le Diable*. Voici comment il s'exprime :

La seconde fois que je vis Meyerbeer, c'était huit ou dix jours après le début de Mlle Falcon dans le rôle d'Alice, dont sa devancière n'avait pas compris la grâce et l'enchantement. Meyerbeer, le premier, avait contemplé ce miracle, et trouvant, par une fortune si rare, cette belle inspirée obéissante au chef-d'œuvre, il s'était pris à l'admirer de toutes les forces de son âme. Il disait maintenant que son œuvre était complète, et que le dernier acte de *Robert*, ce qui était vrai, apparaissait dans toute sa lumière. Il ne manquait pas une seule fois au duo terrible et charmant du dernier acte, il en sortait les yeux pleins de larmes, et tout ému, comme s'il n'eût été qu'un simple auditeur. Mais aussi de quels soins il entourait Mlle Falcon, et comme il lui promettait d'écrire exprès pour elle un rôle à sa taille, à son image, à son génie!...

Il tint parole et écrivit le rôle admirable entre tous de Valentine (*Les Huguenots*).

Il est donc avéré que Meyerbeer avait rencontré en Falcon l'idéal qu'il s'était fait d'Alice. Ce seul témoignage d'estime dut largement suffire à l'ambition de Cornélie Falcon si l'on juge de sa mentalité par les documents qui la concernent. Forte de la haute appréciation du maître, rassérénée par sa bienveillance, Falcon alla confiante et heureuse, malgré les jugements souvent sévères et injustes dont elle fut l'objet, malgré l'envie, la jalousie, la fureur des admirateurs de Mlle Dorus, déchaînés contre elle par les appréciations, les comparaisons si défavorables à leur divinité, fureur dont ils donnèrent le triste spectacle, nous le verrons plus loin. Pendant deux mois, du 20 juillet au 21 septembre, elle prit part aux six représentations données consécutivement : « Pour les débuts de Mme Falcon ». Mlle Dorus, qui n'avait chanté Isabelle qu'une fois, le 20 juillet, reprit son rôle d'Alice à la 47e représentation de *Robert*, le vendredi 21 septembre 1832. A cette date, effectivement, l'affiche conservée aux archives de l'Opéra porte : « Pour la rentrée de Mlle Dorus. » A partir de ce moment, Cornélie Falcon, ayant virtuellement terminé son premier début, partagea le rôle d'Alice avec la créatrice, laquelle paraît avoir eu bec et ongles pour se défendre, et n'entendait pas être dépossédée complètement.

A toutes les époques, il y eut, hélas ! plus de Zoïles que d'Aristarques ! La presse théâtrale, pour ne pas dire la presse entière, était divisée, certains critiques tenant pour Mme Damoreau, d'autres pour Mlle Dorus ; l'unanimité ne se faisait que contre Cornélie Falcon, presque tous voyant d'un mauvais œil surgir une débutante capable de supplanter leurs déesses, susceptible de contrecarrer les succès auxquels, respectivement, elles pensaient pouvoir prétendre.

Ce sont ces jugements que nous allons enregistrer.

D'abord, deux « notes » qui donneront un aperçu de la façon dont on préparait la reprise du 20 juillet :

Demain, mon dit *Robert le Diable* reparaît à l'Opéra, qui tient à sa première idée, celle d'*insérer* tout de suite Mlle Falcon dans la reprise de cet ouvrage. On avait cru que Mme Damoreau s'y remontrerait d'abord pour l'intérêt

CORNÉLIE FALCON
Lithographie de DEVÉRIA

de l'effet originel, et qu'après un talent de cette largeur, la débutante viendrait comme objet de curiosité pure et simple. Il n'en sera pas ainsi. Nous aurons, comme une bombe, Mlle Dorus traduite en Isabelle, et Mlle Falcon toute faite pour le rôle d'Alice. Ainsi-soit-il. (*Le Courrier des Théâtres*, jeudi 19 juillet 1832.)

Les conservatoriens seront ce soir à l'Opéra. Le premier début de Mlle Falcon les y appelle. Le public y sera aussi pour assister à la reprise de *Robert le Diable* qu'on a suspendu à son grand regret, lorsque les congés de Nourrit, de Levasseur et de Mme Damoreau sont venus affliger, trois fois en une seule, les nombreux Meyerbeeristes. (*Le Courrier des Théâtres*, vendredi 20 juillet 1832.)

Voici maintenant, un compte rendu extrait du même journal. Cet article émane d'un critique peu bienveillant et partial, notamment en ce qui concerne Mlle Dorus, à laquelle il ne manque jamais l'occasion de donner un coup de patte, alors qu'il est le thuriféraire inlassable de Mme Damoreau, d'ailleurs une très grande artiste :

Pas n'était besoin d'être sorcier pour deviner que la reprise de *Robert le Diable* attirerait la foule et plairait beaucoup au public. Les deux choses sont arrivées hier... La circonstance se divisait, outre cela, en trois parties dont chacune portait son véhicule qui n'était pas sans puissance : 1° Levasseur rentrait ; 2° Mlle Dorus chantait le rôle d'Isabelle, si brillamment établi par Mme Damoreau. Ce trait de bravoure méritait bien qu'on allât le voir ; 3° et enfin Mlle Falcon débutait dans celui d'Alice. Si avec tout cela la salle n'avait pas été comble, toute condition de l'existence serait anéantie pour l'Opéra. L'affluence y était donc..................
En un mot, comme chanteuse, cette demoiselle (Mlle Dorus)

est peu de chose, et comme actrice, ce n'est rien. Mlle Falcon est plus heureusement douée, mais elle a considérablement à travailler pour s'habituer à la scène. A titre de cantatrice, elle promet. Sa voix a de l'éclat, mais par intervalles seulement ; elle n'est pas toujours juste, et manque de légèreté surtout de celle qu'exige le genre moderne. Elle a chanté beaucoup trop haut son premier air. Le parterre lui a vigoureusement prêté son appui, ce qui prouve que le Conservatoire vit encore. (*Le Courrier des Théâtres*, samedi 21 juillet 1832.)

A présent, nous extrairons d'un article de *La Revue musicale*, rédigée par Fétis, les passages ayant directement trait à Cornélie Falcon :

La reprise du chef-d'œuvre de M. Meyerbeer a eu hier, 20 juillet, tout l'attrait d'une nouveauté par le plaisir que la musique a fait aux spectateurs, et par la nouvelle distribution des rôles.

On se souvient de la part que Mlle Dorus a eue au succès de *Robert le Diable* par la manière distinguée dont elle a chanté le rôle d'Alice. Dans la nouvelle distribution, ce rôle a passé à Mlle Falcon, dont nous parlerons tout à l'heure...

Mlle Falcon est une jeune personne qui a une voix étendue, de la chaleur dramatique et beaucoup d'intelligence de la scène, elle est de plus fort bonne musicienne. Voilà bien des éléments de succès. Celui qu'elle a obtenu hier n'a pas été un instant douteux, quoique le rôle qu'elle a chanté soit fort difficile. Mais il y a en elle un penchant à jeter l'intonation au-dessus du ton dont il faut qu'elle se défie, car si l'oreille souffre à entendre chanter trop bas, elle souffre bien plus lorsqu'on chante trop haut.

Nous l'engageons aussi à modérer son désir d'exprimer ; l'expression n'est jamais plus forte que lorsqu'elle ne sort pas des bornes de la vérité. Mlle Falcon pourra être un jour une actrice fort distinguée.

Le 4 et le 11 août 1832, le journal de Fétis, *La Revue musicale,* revenait à la charge, louangeant à la fois Falcon et le Conservatoire. Le but de Fétis, en rappelant que Cornélie Falcon devait beaucoup à l'établissement où elle avait fait ses études, était de remettre les choses au point en ce qui concernait l'école de Choron. Les admirateurs de cette école étaient de farouches détracteurs du Conservatoire ; or, dans l'idée de son fondateur, Choron en l'instituant l'avait destinée bien plus à la formation de masses chorales qu'à l'éducation individuelle des chanteurs ; ce soin, Choron le disait lui-même, était réservé aux professeurs du Conservatoire, et c'est ce que Fétis faisait parfaitement ressortir :

Mlle Falcon poursuit ses débuts avec un succès décidé ; la production de son talent fait honneur à son organisation et au Conservatoire dont elle sort. Quoi qu'on en dise, et bien que le régime de cette école soit susceptible de plusieurs améliorations importantes, c'est à elle que nous devons tout ce qu'il y a de chanteurs parmi nous, et c'est elle encore qui fournit maintenant aux théâtres d'Italie la plupart de ceux qui y brillent. Les débuts brillants de Mlle Falcon ont plaidé depuis peu en faveur de cet enseignement.

Voici encore un compte rendu paru dans un journal traitant exclusivement des choses de théâtre :

Le début de Mlle Falcon qui a eu lieu hier à l'Opéra, dans le rôle d'Alice, de *Robert le Diable,* est un événement qui fera époque ; après la pièce, la débutante, redemandée unanimement, a paru au milieu des applaudissements de toute la salle. Nous reviendrons sur ce début remarquable, et nous dirons à Mlle Falcon notre opinion sur ses nombreuses qualités et ses légers défauts. (*L'Entr'acte*, samedi 21 juillet 1832.)

Puis un compte rendu, celui-là extrait d'un journal de modes. A l'époque actuelle, les journaux de modes, si luxueusement présentés, sont plutôt techniques, en ce sens que, s'occupant pour ainsi dire uniquement de la mode, ils s'adressent surtout aux professionnels et aussi à toutes les dames, mais surtout à celles qui veulent se tenir au courant de l'évolution des modes. Autrefois, ces mêmes journaux se piquaient de littérature et d'art, voire de politique, de sorte qu'il est tout naturel de trouver dans un journal, publié en 1832, le compte rendu du triple événement théâtral qui venait de se produire à l'Opéra, événement artistique que *Le Journal des Femmes* se devait de narrer à son public mondain :

Au plaisir d'entendre des artistes qui font la gloire de notre scène vient se joindre l'attrait du début le plus heureux qui ait eu lieu depuis longtemps sur aucun théâtre. Mlle Falcon, élevée au Conservatoire et ayant pour maître spécial M. Ad. Nourrit, a fait son apparition première dans le rôle d'Alice, de *Robert le Diable*. Cette jeune personne, d'une taille avantageuse, possède une voix magnifique et la dirige, la modère, l'excite, l'adoucit ou la fait vibrer avec un art qui décèle une excellente méthode, une sensibilité vraie et un goût parfait. Le public, le véritable public a su apprécier toutes ces qualités qui se développeront plus complètement encore lorsque la débutante attaquera des rôles plus étendus que celui d'Alice ; des applaudissements unanimes ont encouragé les efforts et constaté le succès de Mlle Falcon qui, redemandée après la chute du rideau, est venue, modeste, recevoir un hommage dont elle semblait vouloir reporter l'honneur à son maître, Nourrit, qui l'accompagnait. (28 juillet 1832.)

Encore ce renseignement fourni par *La France nouvelle* du 22 juillet 1832 :

Mlle Falcon a obtenu hier, à l'Académie royale de musique, un immense succès ; ce n'était pas un début, c'était un triomphe, chose rare dans les fastes de l'Opéra..... et pourtant Mlle Falcon n'est encore qu'une toute jeune fille, ce dont nous lui faisons notre sincère compliment comme femme ; mais comme actrice, son extrême jeunesse pouvait faire craindre qu'elle ne fléchît sous le poids de sa grande entreprise ; eh bien ! non, Mlle Falcon n'a pas suivi la route ordinaire, elle ne s'est pas contentée de donner d'abord des espérances et de les réaliser ensuite, elle a commencé par tenir avant d'avoir promis ; elle a étonné le public par le charme de sa voix avant d'avoir eu le temps de le séduire par le charme de sa beauté. Mlle Falcon a toutes les richesses en partage ; elle chante comme une Italienne, elle est belle comme une Andalouse : sa figure est à la fois noble et gracieuse ; son beau nez aquilin n'a pas, comme il arrive souvent, le défaut de donner de la dureté à sa physionomie, ses beaux yeux noirs ont, comme il arrive toujours, le mérite de donner de l'âme et de la poésie à son visage. (*Galerie théâtrale.*)

Enfin, l'opinion, autorisée alors, de Castil-Blaze :

Mademoiselle Falcon a débuté en *professora* ; cette jeune cantatrice a montré l'aplomb d'une comédienne exercée, et nous promet un sujet distingué, capable de tenir l'emploi des Scio, des Branchu. Sa taille, plus que moyenne, est bien prise ; sa figure andalouse a l'expression, la vivacité que demandent les rôles passionnés. Sa voix est très étendue (deux octaves, de *si* à *ré*), c'est un dessus bien caractérisé, voix blanche et d'un beau métal, comme disent les Italiens ; attaquant la note avec audace et justesse, la faisant vibrer avec éclat, lui donnant tour à tour un accent flatteur, pénétrant ou plein de charme et de tendresse. Le rôle d'Alice, qu'elle a joué d'une manière très dramatique, il est vrai, mais qui n'est pas exempt d'exagération, l'a placée au rang des premières actrices d'opéra. Je n'ai pu juger encore du degré de sa force sous le rapport de l'agilité ; mais n'eût-elle pas une vocalisation digne de rivaliser avec les virtuoses à la mode, on pourrait aisément le lui pardonner. Si les rôles du répertoire ne lui conviennent pas tout à fait, on lui en écrira de nouveaux, et certes l'expression qu'elle leur donnera, la vigueur d'exécution qu'elle doit leur imprimer, nous dédommageront bien de quelques roulades de moins ; d'ailleurs les combinaisons de roulades commencent à s'épuiser ; il serait bon de faire un demi-retour vers le simple. Avec Mlle Falcon cet amendement n'aurait pas du tout l'air d'une défaite. (*Revue de Paris*, T. 41, p. 53.)

L'Opéra vient de trouver le sujet qui lui manquait, une jeune femme dont la voix puissante et gracieuse convient, aux effets les plus hardis, aux passions les plus animées du drame et de la musique. La manière ferme dont elle a dit le duo du second acte et le trio du dénouement, la douce expression qu'elle a donnée à la romance délicieuse : « Va, dit-elle, mon enfant ! » décèlent un beau talent d'exécution. Son jeu, son intelligence dramatique, son aplomb nous promettent une actrice excellente. Une taille assez élevée pour convenir à toutes les héroïnes d'opéra, une jolie figure animée par de beaux yeux et couronnée par une chevelure noire, beaucoup de mobilité dans les traits, tels sont les avantages extérieurs de Mlle Falcon. Le costume d'Alice, la pèlerine, s'oppose à ce que je porte plus loin une description que je m'empresserai de compléter, lorsqu'un habit de page, de nymphe ou de princesse nous aura montré d'autres perfections. Sa voix est un soprano bien caractérisé, portant plus de deux octaves de *si* au *ré*, sonnant sur tous les points avec une égale vigueur. Voix argentine, d'un timbre éclatant, incisif, que la masse des chœurs ne saurait dominer, et pourtant le son émis avec tant de puissance ne perd rien de son charme et de sa pureté. Mlle Falcon attaque la note hardiment, la tient, la serre, la maîtrise sans effort, et lui donne l'accent le plus convenable au sentiment qu'elle veut exprimer. Beaucoup d'âme, une rare intelligence musicale, l'accent parfait de sa pantomime avec la mélodie qu'elle exécute, sont encore des qualités précieuses que l'on a remarquées dans ce jeune talent... Le succès que la débutante vient d'obtenir dans *Robert le Diable* est aussi brillant qu'elle a pu le désirer ; les applaudissements les plus flatteurs ont éclaté dans toute la salle à diverses reprises, et pendant le trio final, des cris d'un véritable enthousiasme se sont fait entendre. D'une voix unanime, le public a rappelé l'actrice sur la scène..... Mlle Falcon est très jeune, elle a dix-huit ans. Il nous faut une Saint-Huberti, mais une Saint-Huberti de 1832. Mlle Falcon peut nous la donner, si elle sait bien employer son temps.

Des divers jugements portés par la critique sur Cornélie Falcon, le seul qui prévalut fut celui exprimé dans les derniers articles cités par nous, et, notamment, dans l'étude de Castil-Blaze, étude qui précise l'étendue exceptionnelle de la voix de Falcon, fait ressortir les qualités de cette voix, et montre bien la nature du talent de celle qui allait illustrer la scène lyrique française. Tout de suite le public, comme les délicats, reconnut en Falcon le *rara avis in terris*, l'oiseau rare. Dans l'admiration immense suscitée par Adolphe Nourrit, professeur de Cornélie Falcon pour la déclamation lyrique, on se plaisait à dire que son élève était, après lui, son plus bel ouvrage. D'ores et déjà, dans la masse du public, s'était nettement introduit le sentiment qu'un nouvel astre était né: il n'était alors qu'à son aurore, mais déjà, de quelle splendeur était l'éclat des feux qu'il projetait!

Véron, faisant sien le précepte de Napoléon Ier : « A l'Opéra, il faut jeter l'argent par la fenêtre pour qu'il rentre par la porte », mit tout en œuvre afin de donner à la reprise de *Robert le Diable* l'ampleur qu'elle méritait. Ainsi l'œuvre de Meyerbeer retrouva cet immense, formidable succès des premières représentations. On fit à nouveau des recettes de 7.000, 8.000 et même 9.000 francs, chiffre considérable pour l'époque, les places étant infiniment moins chères qu'à présent.

Le « trio de *Robert* » devint le symbole du « trio de l'Opéra » : Nourrit, Levasseur, Falcon, auxquels venait s'adjoindre Mme Damoreau, formant ainsi le plus admirable quatuor vocal qui se vit jamais dans aucun théâtre du monde.

A son apparition, *Robert le Diable* a fait couler des flots d'encre. Beaucoup de bonnes choses ont été dites sur cet ouvrage, mais combien d'erreurs se sont, glissées au milieu des racontars d'alors ! D'aucuns ont prétendu que Véron ne voulait pas de *Robert* et qu'il ne l'aurait monté qu'à contre-cœur lorsqu'il prit la direction de l'Opéra. Véron a démontré péremptoirement l'inanité d'une pareille assertion. Non seulement il ne monta pas *Robert le Diable* à contre-cœur, mais, au contraire, ne négligea rien pour cet ouvrage sur lequel il comptait afin d'établir sa réputation de directeur. Véron donna carte blanche à Duponchel en ce qui concernait les crédits nécessaires aux décorations, aux costumes et à toute la mise en scène. Duponchel, très artiste, vit grand, comme il convenait, et réussit à merveille. Il réalisa un spectacle magnifique : jamais on n'avait vu chose pareille.

Au lendemain de la première *Le Journal des Débats* pouvait dire justement :

> On assure que la mise en scène de cet opéra a coûté près de deux cent mille francs : c'est de l'argent bien placé. Depuis longtemps on pensait qu'il était impossible de mettre plus de pompe et plus de luxe à l'Opéra ; M. Véron a prouvé le contraire. (Mercredi 23 novembre 1831.)

On a prétendu aussi que Véron n'avait pas voulu faire la dépense de l'orgue indispensable et que le compositeur aurait dû en assumer les frais ; cela est faux, ainsi que le prouve la lettre suivante, lettre qui rétorque les erreurs commises au sujet de *Robert*, et relève également les injustices qu'on eut à l'égard de Véron :

Paris, le 9 février 1834.

Monsieur,

J'ai eu pour principe constant, pour habitude invariable de ne jamais relever les faux bruits répandus sur mon compte.

Cependant, je l'avoue, ma conscience m'a souvent reproché de n'avoir pas dérogé à cette règle dans une circonstance où il ne s'agissait plus de moi seul ; mais où, à propos d'une de mes œuvres, on voulait faire tort à quelqu'un dont je n'avais eu qu'à me louer et qui méritait de ma part une réciprocité de bons efforts ; je veux parler de ces fausses rumeurs accréditées par une foule de journaux, d'après lesquelles vous n'auriez monté l'ouvrage de *Robert le Diable* que malgré vous et à contre-cœur, d'après lesquelles j'aurais même été obligé de payer de mes deniers personnels l'orgue employé au cinquième acte de cet ouvrage. Ma conscience me tourmentait souvent de n'avoir pas contredit dans les journaux ces faussetés ; mais le temps marchait toujours ; des années s'étaient écoulées, et je craignais qu'il ne fût bien tard pour réveiller un souvenir si lointain.

Maintenant une occasion se présente, et c'est vous qui me l'offrez, Monsieur, en publiant vos *Mémoires*, dont quelques lignes peut-être seront consacrées à l'ouvrage dont vous avez fait un des événements de votre brillante direction. Cette occasion, je la saisis et je déclare que les faits en question sont complètement faux.

L'orgue a été payé par vous, fourni par vous, comme toutes

les choses que réclamait la mise en scène de *Robert le Diable*, et je dois déclarer que, loin de vous tenir au strict nécessaire, vous avez dépassé de beaucoup les obligations ordinaires d'un directeur envers les auteurs et le public.

Je n'oublierai jamais le grand service que vous m'avez rendu en changeant la distribution du rôle de Bertram, que j'avais eu la faiblesse de donner à un artiste d'ailleurs fort honorable, à Dabadie, et que je ne me sentais pas la force de lui retirer. Vous eûtes heureusement le courage que je n'avais pas ; la négociation réussit et le rôle fut confié à Levasseur. Massol, artiste distingué, fut chargé par vous d'un simple bout de rôle : celui du héraut d'armes.

Les élèves du Conservatoire, appelés par vous, venaient chaque soir renforcer les chœurs ; enfin, rien ne fut épargné pour la mise en scène, pour les costumes et pour les accessoires. Si je rappelle ces faits, c'est pour reconnaître et constater, autant qu'il m'est possible, la part si grande, si intelligente et si dévouée que vous avez prise au succès de *Robert le Diable.*

Ce que je regrette de ne pouvoir rappeler également, ce sont les mille soins ingénieux, les attentions délicates qui s'adressaient au compositeur aussi bien qu'à l'ouvrage et pour lesquels ma reconnaissance doit être plus vive et plus profonde que si le public eût pu les apprécier comme moi.

Veuillez agréer, Monsieur, l'expression de mes sentiments les plus distigués.

G. MEYERBEER.

En donnant *Robert le Diable* à Paris, Meyerbeer jouait une grosse partie. Ses ouvrages, représentés dans son pays natal, l'Allemagne, et en Italie, lui avaient fait une réputation difficile à soutenir. De plus, les succès qu'il devait chercher en France ne pouvaient être de la même nature. Comme l'a dit Fétis :

> Les conditions du drame lyrique français, la nécessité d'une manière plus large et surtout plus individuelle que celle qu'il avait adoptée jusqu'alors, tout lui faisait une loi de s'ouvrir de nouvelles routes et de produire une composition d'un ordre élevé.

Il atteignit complètement le but qu'il s'était proposé. *Robert le Diable* n'est pas seulement une œuvre forte, pleine de charme et d'expression, mais encore cet ouvrage est si rempli d'effets nouveaux qu'il agrandit le domaine de la musique. A son époque *Robert* pouvait passer pour extraordinairement original.

L'attention du public avait été soigneusement entretenue, si bien que la première représentation de *Robert le Diable*, très attendue, fut un événement :

> Rien n'était possible en fait de bals ou d'assemblées le jour où *Robert* devait se montrer pour la première fois; aussi M. d'Appony a déclaré dans les journaux que son bal était remis, et Mme l'ambassadrice d'Autriche est venue avec lady Grandville, et je ne sais combien de représentants des hautes puissances, aider de son patronage Monsieur Meyerbeer. Pendant les entr'actes, dans la loge des premières à gauche, entre les colonnes, une conférence diplomatique a pu traiter des intérêts de l'Europe. La salle offrait un aspect admirable. Le foyer était encombré de députés, de nouveaux pairs, de faiseurs d'affaires politiques. Un instant j'y ai

compté jusqu'à quatre ministres ; bien entendu que je n'ai pas cherché à savoir combien il y avait de maîtres des requêtes : c'était la foule.

Le succès remporté par *Robert le Diable* fut prodigieux. D'acte en acte l'enthousiasme s'accrut, aucun triomphe ne fut plus beau, plus éclatant, en dépit de plusieurs accidents qui se produisirent le soir de la première. D'abord un arbre, armé d'échelons et portant des quinquets, s'abattit du *côté jardin* en travers de l'avant-scène, couvrant le plancher d'huile, de verres brisés et de boîtes de fer blanc. Mlle Dorus, qui occupait seule la scène à ce moment, mais du *côté cour*, ne fut nullement menacée. Au troisième acte, un nuage descendit des frises et faillit casser les jambes, particulièrement précieuses, de la célèbre Taglioni, alors étendue sur un tombeau. Cette attitude permit à la danseuse de voir le danger et de se sauver à temps. Enfin, au cinquième acte, Nourrit, emporté par sa fougue, tomba dans la trappe où venait de disparaître Levasseur. On le crut tué; heureusement il n'en était rien. Lorsqu'il reparut, un peu étourdi de sa chute, la salle entière l'acclama. Très attendri en constatant l'affection dont il était l'objet, Nourrit ne put que répondre : « *Non,* à la pressante question issue de tous les cœurs : « Vous êtes-vous blessé ? » Alors, les applaudissements recommencèrent de plus belle.

A la dernière représentation de la série consacrée au

début de Cornélie Falcon, se produisit un fait sans précédent à l'Opéra : des coups de sifflet se firent entendre : c'étaient les partisans de Mlle Dorus qui, exaspérés des succès remportés par la débutante et furieux aussi du parallèle établi par les journaux entre elle et Mlle Dorus, manifestaient de cette manière inconvenante, absurde et révoltante. Des voix s'élevèrent pour stigmatiser un acte pareil ; voici le son d'une de ces voix :

> L'École française est aujourd'hui si peu féconde en grandes cantatrices que c'est peu raisonnable, lorsqu'il s'en rencontre une qui prend son art au sérieux, d'essayer de la rebuter par d'aussi pitoyables moyens. En vérité, si le public n'avait pas fait justice d'une telle grossièreté, nous ne serions plus dignes d'être appelés le peuple le plus élégant et le plus gentilhomme de la terre. Des deux théâtres où florissait encore l'aristocratie des bonnes manières l'un est désert, l'autre envahi. L'Opéra devient tous les jours plus bruyant et plus tumultueux. On siffle maintenant à l'Opéra, on y trépigne, ni plus ni moins que si c'était le théâtre des Folies-Dramatiques ou des Funambules. La faute en est à la direction.

Ce sont ces mêmes partisans de la créatrice du rôle d'Alice qui, traîtreusement, après la première représentation de Falcon, avaient essayé d'insinuer que, non seulement elle se servait de la claque pour corser son succès, mais qu'elle était l'auteur du *redemandage,* alors que Duponchel fut l'importateur, à l'Opéra, de cette mode venue de l'Italie.

Des artistes médiocres pouvaient être favorables

à un usage flattant leur stupide amour-propre ; par contre, les premiers sujets souffraient de cette coutume. Nourrit et Falcon, notamment, s'élevèrent contre ce que Quicherat qualifie si justement de « provocations d'enthousiasme, c'est-à-dire d'odieuse tromperie exercée à l'égard du public ». Plusieurs fois ils se plaignirent de cet état de choses ; Véron leur promettait de supprimer la claque, mais il ne tint jamais parole.

Voici, contre le redemandage, l'habile réquisitoire paru dans *Le Courrier des Théâtres*, le vendredi 27 juillet 1832 :

Nous avons, depuis longtemps, flétri de toute la honte qu'ils méritent ces *redemandages* qui faisaient autrefois partie intégrante du succès d'un débutant. S'ils n'ont pas été abolis tout à fait par suite du ridicule dont nous les avons couverts et poursuivis, du moins nous est-il permis de croire que nous ne sommes pas étrangers à leur suppression, surtout depuis la révolution de juillet, époque où ils n'auraient pas manqué de recommencer, s'il leur eût été possible de réussir. C'est, en effet, une bien sotte chose que ce rappel d'un acteur que l'on vient de voir pendant trois heures, à qui l'on a pu prodiguer tous les genres d'applaudissements, et que l'on redemande une seconde, pour lui en prodiguer encore. Le temps, la raison, l'expérience ont prouvé que le public n'entrait pour rien dans ces absurdes ovations. Lui, quand le spectacle est fini, n'a rien de plus pressé que de regagner sa demeure, en emportant ses impressions qu'il analysera plus tard, mais dont il n'éprouve là que le sentiment dégagé de toute influence étrangère. Les claquetins, les souteneurs, au contraire, ont encore, à la fin du spectacle, de l'argent à gagner, une tâche à terminer et le sceau à apposer à la partiale stupidité de leur jugement.

Alors, ils se groupent sous le lustre, comme pour l'empêcher de descendre, ils font signe à leurs amis placés dans quelques loges, et la manœuvre commence. Au milieu d'un tumulte, au bruit des vociférations faites pour effrayer les honnêtes gens, un acteur vient s'humilier, se déshonorer, se traduire en saltimbanque, obéir à la tourbe et se persuader qu'il recueille de *la gloire.* Il est l'instrument ou l'auteur d'une cabale, le machinateur ou la dupe d'une coterie; et quand on ne le plaint pas, on le méprise, voila tout. Nous félicitons donc les vrais artistes qui ont renoncé à ce misérable moyen d'occuper la renommée. Par contre-coup, nous avons de la commisération au service de Mlle Falcon qui vient, le Conservatoire en tête, nous rapporter ce piteux usage à l'Opéra, le théâtre de la bonne compagnie, et, par conséquent, celui où il convient le moins. Nous n'avions pas voulu parler du premier *redemandage* de cette chanteuse, le jour de son début ; mais on a récidivé au second, et le moment est venu de lui dire le seul mot qui réponde à cet acte si rempli d'inconvenance : Pitié.

Finalement, les manœuvres de ces amis trop bien intentionnés firent l'effet du pavé de l'ours : le fiel répandu sur Cornélie Falcon ne servit qu'à augmenter les sympathies acquises et à démontrer plus encore l'ampleur des succès récemment obtenus.

« Pour la continuation des débuts de Mlle Falcon », la direction de l'Opéra avait remis au théâtre le *Moïse*, de Rossini.

CORNÉLIE FALCON
dans *La Juive*
Lithographie de DEVÉRIA
(Bibliothèque de l'Opéra)

Mose in Egitto obtint un tel succès lorsqu'on le monta pour la première fois au théâtre San Carlo de Naples, en 1818, que l'auteur fut porté en triomphe sur la scène. Quatre ans plus tard, le Théâtre Italien le donnait à Paris ; enfin l'Opéra, à son tour , le représentait, traduit et adapté à la scène française, le lundi 25 mars 1827.

Malgré les réelles beautés contenues dans cet ouvrage, il ne trouva pas auprès du public français l'accueil enthousiaste qu'il avait reçu des auditeurs italiens. A l'époque où il fut monté, et surtout à la reprise de 1832, le goût du public en faveur de la musique de Rossini s'était atténué, bien que les « Meyerbeeristes » et les Rossinistes » renouvelassent alors les mêmes combats livrés jadis par les « Gluckistes » et les « Piccinistes » : l'histoire se répète sans cesse. C'est à cet état d'esprit qu'il faut attribuer le peu d'empressement mis à venir entendre *Moïse.*

Il y eut effectivement peu de monde à la première, le 12 octobre 1832, nonobstant la présence de Nourrit et le début de Cornélie Falcon, et malgré d'alléchantes notes comme celle-ci :

La représentation de *Moïse,* que donne aujourd'hui l'Opéra, peut être considérée comme une reprise. Les *dilettanti* n'ont pas, il est vrai, besoin de cela pour se rendre en foule à l'un des ouvrages qu'ils estiment le plus parmi tous ceux du maestro. On peut donc engager les personnes qui aiment à voir une salle pleine à se rendre, encore ce soir, à l'Opéra.

Le lendemain, *Le Courrier des Théâtres* se contenta de dire :

> Tout ce qu'on pouvait attendre de la reprise de *Moïse* s'est réalisé hier, à l'Opéra. Nourrit, secondé par Mlle Falcon, pour laquelle le rôle d'Anaï est bien fort, a rappelé aux *dilettanti* leurs beaux jours.

Fétis constate ainsi que l'appel de la direction n'a pas été entendu :

> Au milieu des succès productifs et des recettes abondantes qui viennent chaque jour remplir la caisse de l'Académie royale de musique, il y a quelque courage à M. Véron de reprendre un opéra dont le public de Paris n'a jamais compris le mérite immense : c'est un sacrifice fait à l'art dont il est juste de lui tenir compte. Ainsi qu'il avait pu le prévoir, *Moïse* n'a piqué que faiblement la curiosité du monde oisif et sans idées comme sans émotions : les hommes sensibles au vrai beau sont venus seuls entendre ce bel ouvrage où tant de grandes conceptions sont prodiguées : malheureusement, ceux-là sont en petit nombre.

Voici, maintenant, le son d'une autre cloche. Emis par un Meyerbeeriste, ce son, si on l'oppose à l'opinion de Fétis, montre assez bien l'antithèse qui régnait alors dans les camps opposés. Quant à la remarque de la mauvaise exécution de *Moïse,* confirmée par Fétis comme nous le verrons tout à l'heure, nous y reviendrons.

Considérablement moins de monde qu'aux représentations précédentes s'était porté, avant-hier, à celle de *Moïse*, qui a été froide, *ergo* ennuyeuse. Nous n'avons pas malheureusement la satisfaction de publier que le temps du *Rossinisme* est passé ; ce genre laisse encore un arrière-goût qui doit se prolonger un peu, surtout s'il n'apparaît pas un ouvrage saillant et de nature à nous ramener dans la bonne voie, dans celle du dramatique. Mais ce que nous devons constater, c'est que cette musique de M. Rossini (sans parler de ses imitateurs) est tellement connue et les exécutants s'en acquittent si machinalement, que leur ennui passe dans l'âme des auditeurs et va faire tomber de sommeil jusqu'aux artistes de l'orchestre. (*Le Courrier des Théâtres*, 14 octobre 1832.)

Qu'à cette reprise, l'exécution de *Moïse* ait laissé beaucoup à désirer, cela n'est pas douteux ; Fétis donne à ce sujet les précisions suivantes :

Comment se fait-il qu'en si peu de temps on ait déjà perdu les traditions que Rossini a données pour l'exécution de *Moïse* ? Presque tous les mouvements ont été dénaturés, presque tous pressés outre mesure, et les fautes les plus grossières ont été faites par tout le monde : on aurait dit une gageure d'aller au plus mal. Il me semble pourtant que l'ouvrage vaut la peine qu'on y donne quelque soin, et l'on ne devrait point oublier que c'est à *Moïse* qu'a commencé la réputation de l'Opéra pour la beauté de l'exécution. Certes, les talents en tout genre n'y manquent pas ; il ne faut que la volonté de bien faire et du respect pour la production d'un grand artiste ; avec cela, la musique sera toujours bien rendue à l'Opéra. (*La Revue musicale*, samedi 13 octobre 1832.)

Cette appréciation, d'une étonnante actualité, car elle s'applique exactement à presque toutes les exécutions actuelles d'œuvres du XIXe siècle, devrait faire l'objet de profondes méditations. Assurément il est indispensable d'être de son temps; mais, en art, on doit savoir revenir en arrière, revivre dans le passé ; à cette seule condition les ouvrages des maîtres d'autrefois pourront révéler les secrets de leur beauté intérieure. Et même, en admettant que soit réalisée une interprétation idéale, il resterait encore le public qui, lui, atteint constamment de névroses nouvelles, n'est plus en accord avec l'âme et la mentalité des artistes d'une époque autre que la sienne. Pour créer l'ambiance favorable, il faut un ensemble de circonstances très rarement obtenu.

Pour en revenir à *Moïse*, à part Nourrit, admirable dans le rôle d'Aménophis, comme il l'était au reste dans tous ceux qu'il interprétait, les autres rôles avaient été confiés à deux honorables chanteurs, Dérivis fils (Moïse), et Dabadie (Pharaon), dont la flagrante médiocrité autorisa cette exclamation d'un journaliste à propos de Cornélie Falcon : « Que vouliez-vous qu'elle fît contre deux ? »; cependant elle n'en mourut pas, bien au contraire.

Le rôle d'Anaï demande, au point de vue vocal, une grande souplesse ; quant à celui de l'interprétation, le sentiment biblique dont il est empreint réclame de la dignité, une grande noblesse, et beaucoup de majesté. Falcon, surmontant toutes ces difficultés, se montra sous un jour absolument différent de celui où elle s'était produite dans Alice de *Robert le Diable.*

De même que le public, la critique se désintéressa de cette reprise. Fétis, seul, voulut bien consacrer un important article à l'œuvre du maître de Pesaro ; déjà nous en avons donné deux extraits. Voici celui concernant Cornélie Falcon :

Il y a quelque audace à Mlle Falcon de venir se hasarder dans un rôle où Mme Damoreau a mis le cachet de sa perfection ; l'audace est un des traits du caractère des artistes de talent et de ceux qui sont destinés à en avoir. Le succès a d'ailleurs justifié en partie l'entreprise de la jeune débutante ; tout ne lui a pas également réussi, mais il y a eu des choses bien rendues dans quelques parties difficiles du rôle, de ces choses bien senties et qui donnent de l'espoir pour l'avenir. Les qualités de Mlle Falcon sont un sentiment vif et profond des situations dramatiques et un accent heureux dans l'exécution : quant aux finesses de l'art, à la certitude de réussir dans ce qu'elle veut faire, à cette mesure enfin qui fait que l'artiste atteint le but sans le dépasser, ce sont des choses qu'elle n'a point encore et qu'on ne peut exiger d'elle. Le temps et une étude opiniâtre conduisent à cette perfection les artistes bien organisés, mais il n'en est pas qui y soient arrivés dès leur entrée dans la carrière. Dans quelques parties du premier acte, dans le final du troisième et dans le commencement du bel air du quatrième, Mlle Falcon a eu de belles inspirations et des phrases bien rendues ; mais l'exécution des traits a laissé désirer plus de fini. Je lui conseille de ne point dénaturer le mouvement de la seconde partie de ce dernier air en le ralentissant outre mesure dans quelques phrases : la musique n'est quelque chose qu'autant qu'on lui conserve son rythme. (*La Revue musicale*, samedi 13 octobre 1832.)

La deuxième représentation de *Moïse* fut sensiblement meilleure que la première. Fétis ne manqua pas de relater ce fait et d'attribuer à ses justes observations une part des progrès réalisés :

Les artistes de l'Académie royale de musique, dit-il, ont été en quelque sorte surpris par la reprise de *Moïse*; peut-être aussi les répétitions ont-elles éte faites avec un peu de négligence ; de là, le défaut de fini et d'ensemble qu'on a remarqué à la première représentation. Vraisemblablement mes observations critiques ont éveillé leur attention, car la deuxième a été beaucoup plus satisfaisante : ce n'était plus le même laisser-aller ; enfin, il était évident que chacun était animé du désir de bien faire. Je crois encore qu'il y a quelques nuances d'altération dans les mouvements ; mais du moins y a-t-il eu, mercredi dernier, de la chaleur et de l'effet.

Plus sûre d'elle-même, Mlle Falcon a eu plus d'énergie dans quelques situations dramatiques, et les traits qu'elle a hasardés ont eu plus de fini. Sa voix était généralement mieux posée parce qu'elle éprouvait moins d'émotion. Cette jeune personne fait des progrès remarquables dans la justesse, ce qui démontre que je ne me suis pas trompé lors de ses débuts en disant que l'incertitude de quelques-unes de ses intonations était le résultat de son ardeur dans l'expression de la scène, et de son inexpérience à maîtriser ses impressions. Son genre de talent sera fort utile dans l'avenir aux compositeurs qui auront à traiter des sujets passionnés. (*La Revue musicale*, samedi 27 octobre 1832.)

De ces deux beaux articles de critique, il est aisé de déduire à quel point les qualités déployées par Cornélie Falcon au cours de son second début confirmèrent et corroborèrent les magnifiques promesses de son premier début.

A partir de ce moment, les compositeurs les plus en renom, le public, tous auront les yeux fixés sur elle. Falcon est prête pour les grandes manifestations d'art auxquelles elle va être appelée à participer. Dorénavant, chaque année sera pour Cornélie Falcon l'occasion d'une création ou d'une reprise, elle-même une véritable création.

CHAPITRE III

Les créations de Cornélie Falcon (Gustave III ou le Bal masqué ; Ali-Baba ou les Quarante voleurs ; Don Juan ; La Juive ; Les Huguenots ; La Esmeralda ; Stradella).

La première « création » de Cornélie Falcon est *Gustave III ou le Bal Masqué*, représenté pour la première fois à l'Académie royale de musique, le 27 février 1833.

Le livret de cet ouvrage, appelé « opéra historique », sans doute parce que le dénouement n'est pas conforme à l'histoire, avait été proposé par Véron ; à Rossini mais Rossini préféra mettre en musique *Guillaume Tell*. Scribe, auteur du poème de *Gustave III*, le soumit à son ami et collaborateur Auber, qui l'accepta, quoiqu'il lui parût un peu dramatique pour l'accord habituel de sa lyre.

Bien que le poème de *Gustave III* présente un réel intérêt, « cet ouvrage est moins un opéra en cinq actes qu'un ballet en un acte précédé d'un long prologue chantant », a dit très justement Charles de Boigne. A son insu, Auber subit le défaut de structure de ce poème, Pendant quatre actes, le compositeur fait des économies ; les mélodies les plus agréables que lui fournit son charmant esprit, sont réservées pour le 5e acte, en sorte que toute la partie chantante est négligée au profit du *Bal masqué*. Là, alors, le musicien « sème les mélodies à pleines mains ; il les prodigue, il les jette aux pieds de tout ce qui danse, de tout ce qui saute ».

Véron et Duponchel mirent tout en œuvre pour donner de l'éclat à la mise en scène de ce bal. Les quadrilles furent des plus variés et des plus brillants, les travestissements offrirent de la nouveauté et une originalité comique. La décoration, pleine de richesse, donnait, par sa plantation, le moyen de placer beaucoup de monde sur le théâtre ; un très grand nombre de lustres garnis de bougies répandaient des flots de lumière. Ce cinquième acte était vraiment royal et digne de l'Opéra.

De tels efforts ne furent pas perdus. Jamais, non jamais il n'y eut exemple d'un tel enthousiasme. Quand la toile se leva sur ce prodigieux ballet de *Gustave*, loges, orchestre, stalles, parterre poussèrent un cri d'admiration, et le cri dura tant que dura le ballet. Auguste et sa claque purent prendre des leçons de bravos et de trépignements.

Cet enthousiasme, exprimé par Charles de Boigne, est loin de lui être particulier, il se révèle dans tous les comptes rendus de *Gustave III*. Ecoutons, par exemple, ce que dit Fétis à ce sujet :

La mise en scène de *Gustave III* efface tout ce qui a été fait jusqu'à ce jour. Des costumes d'une fidélité et d'une richesse admirables ; des décorations qui conduisent le spectateur de stupéfaction en stupéfaction ; une mise en scène à laquelle a présidé une rare intelligence. Voilà qui justifie le succès de *Gustave III*.... Ajoutez à cela l'intérêt du poème et le jeu des acteurs, et vous aurez, je le répète, le secret de l'empressement du public.

L'engouement fut tel que des femmes de la haute société parisienne désirèrent passer du rôle de spectatrices à celui de figurantes, renouvelant ainsi les us et coutumes du grand Siècle, époque à laquelle les seigneurs les plus hautement titrés, et même le Roi, prenaient une part active et importante aux ballets de Cour. Non seulement ces dames ne dédaignèrent pas de paraître dans *Le Bal de Gustave*, mais elles y aspirèrent. La direction, du reste, se prêta à satisfaire un désir qui montrait assez la vogue dont jouissait cette représentation et s'attacha à en faciliter la réalisation à ces belles madames, voici comment, d'après Charles de Boigne, toujours fort bien renseigné :

Avant d'entrer en scène, on faisait une halte chez M. Duponchel, et là, on mettait son domino, son *loup*. Cette petite débauche de danse, qui sentait un peu la Régence, eût désiré garder l'incognito ; mais le secret de l'Opéra, c'est le secret de la comédie. La chronique prétend qu'entamée sous le masque, plus d'une tendre infamie se poursuivit et se commit plus tard et ailleurs, sans masque, et que Gustave retrouva à Paris plus d'une fragile comtesse Ankarstroëm ; la chronique ne dit pas tout ce qu'elle sait.

Les prétoriens des avant-scènes ne voulurent pas se laisser distancer par ces nobles figurantes ; un mardi-gras, ils s'affublèrent de peaux d'ours, et le public assista à une scène qui n'avait pas été promise par l'affiche, à une danse d'ours des abonnés. En 1833, on s'amusait ; en 1856, on fume et l'on joue à la Bourse.

Mais, dans tout ceci, quel fut le rôle réservé aux chanteurs ? il se réduisit à occuper, pendant quatre actes, l'attention du public sans la fatiguer, de façon que cette attention fût toute fraîche pour le dernier, celui qui finit par compter presque uniquement. A partir de la 41e représentation, 27 avril 1834, *Gustave III* fut scindé, et le cinquième acte adjoint à d'autres ouvrages du répertoire. *Le Bal* a été donné dix-sept fois seul.

Le rôle dévolu à Cornélie Falcon, celui d'Amélie, comtesse d'Ankaström, est assez mal construit ; il contient, cependant, une scène qui eût dû permettre à l'artiste de manifester son talent d'interprète aussi bien que celui de chanteuse ; malheureusement, cette scène perdait une grande partie de sa force dramatique et de son pouvoir d'action sur les auditeurs du fait que l'effet d'un petit nombre de personnages placés dans une trop vaste décoration se trouve dilué. C'était le cas du troisième acte de *Gustave III*, dont la scène d'amour entre le roi (Nourrit) et la femme de son premier ministre (Falcon) se passait dans l'obscurité, ou tout au moins dans la pénombre d'une nuit boréale, au milieu d'une immense plaine de neige, avec des gibets pour seul « divertissement ».

D'autre part, le surmenage auquel la direction soumettait sa nouvelle recrue fit que, dans cette pièce, Cornélie Falcon fut entièrement privée d'une partie de ses moyens. De plus, en ce qui concerne le troisième acte, outre les causes positives d'insuccès que nous venons d'indiquer, il y eut encore des raisons négatives, pourrait-on dire, qui vinrent s'ajouter aux premières, par exemple : l'admirable chevelure de Falcon était poudrée ; or, cette poudre, s'envolant à chaque mouvement de l'artiste, l'entourait d'une auréole de nuages blancs évidemment peu propices à l'émission de la voix. En outre, le costume qu'elle portait était certes magnifique, mais peu maniable; il n'est pas douteux qu'il dut, dans une certaine mesure, gêner les évolutions de Cornélie Falcon ayant à faire face déjà à tant de difficultés. Toujours est-il que la première création confiée à Falcon ne répondit pas aux espérances fondées sur ses brillants débuts, et que la faiblesse dont elle fit montre, en l'occurrence, n'ait assurément prêté le flanc aux coups de ses ennemis. Ceux-ci saisirent l'occasion offerte à leur jalousie pour accabler la comtesse d'Ankaström. Jouvin, très impartial, le constate de la sorte :

Mlle Falcon n'était pas encore la Valentine des *Huguenots*, mais son apparition dans Alice de *Robert le Diable* avait fait une sensation qui durait toujours. Toutefois, dans le rôle de la Duchesse d'Ankaström, soit malaise artistique, soit que le personnage ne convînt pas à son talent, la cantatrice parut faiblir. Sans se soucier de lui accorder une revanche, l'on en prit occasion d'insinuer au public que son inspiration était un feu de paille, sa voix déjà un souvenir, et son aurore un crépuscule. Du reste, on effeuillait ça et là dans la presse quelques fleurettes sur sa tombe. (*Auber, sa vie, son œuvre.*)

Le Courrier des Théâtres, continuant à considérer Cornélie Falcon comme une débutante, et trouvant que trop d'applaudissements lui étaient décernés, remettait ainsi les choses au point :

Il est juste d'encourager les efforts de Mlle Falcon, et nous le ferions bien davantage si de chauds applaudisseurs le faisaient beaucoup moins. Il y a de l'étoffe chez cette jeune personne, mais le meilleur moyen d'en empêcher le développement est de lui prodiguer des éloges excessifs qu'à peine supporterait un talent consommé.

Le Figaro du vendredi 1er mars 1833 contient un compte rendu de *Gustave III* dans lequel il est question de Cornélie Falcon :

Mlle Falcon a été dramatique, mais sa voix n'a pas toujours eu la force que la situation exigeait ; Amélie n'est pas une jeune fille de seize ans, c'est une femme dont les accents doivent avoir plus d'énergie. Il est vrai que Mlle Falcon doit craindre de se trop fatiguer ; mais il y a apparemment un secret d'artiste pour se ménager tout en chantant avec âme, avec passion et avec goût ; voyez ce que Mme Damoreau a pu donner dans *Robert* de charme et de force à son organe, à qui l'on refusait pourtant la puissance dramatique.

Et encore cette mention :

Quant aux femmes, M. Auber les a un peu négligées. Le rôle d'Amélie manque de couleur : aussi ne fait-il pas ressortir les qualités de la voix de Mlle Falcon, et ne lui donne-t-il presque pas l'occasion de s'abandonner à ses belles inspirations qu'elle a fait admirer dans l'Alice, de *Robert le Diable*. (*Journal des Femmes*, 13 avril 1833.)

Jules Janin consacra une longue étude à *Gustave III*. La sévérité de sa critique à l'égard de Cornélie Falcon est heureusement atténuée par l'allusion qu'il fait au régime de travail excessif auquel elle était soumise depuis son entrée à l'Opéra. En quelques mois, la jeune cantatrice avait dû apprendre *Robert*, *Moïse* et *Gustave III*, sans compter *Ali-Baba* qu'il fallait mettre sur pied conjointement avec l'œuvre d'Auber. On comprend, dès lors, qu'Amélie se soit ressentie des fatigues de Cornélie :

Quant à Mlle Falcon, hélas ! cette jeune personne de si grandes espérances, cette enfant qui tout d'un coup s'était élevée si haut dans *Robert*, elle a succombé entièrement, savez-vous, dans le rôle de la comtesse Amélie. Etait-ce bien elle qui chantait ainsi, sans voix, sans expression, sans volonté, sans énergie, sans bonheur ? Etait-ce bien elle, l'enfant, qui se livrait à des effets de vieille comédienne ? Pour moi, qui l'avais des premiers tant applaudie à ses premiers efforts, ce soir-là, j'avais peine à la reconnaître. Ce n'était plus elle, en effet. Tout la troublait, et même la poudre, cette coquetterie qui va si bien aux belles personnes et qui va si bien à elle ; Mlle Falcon, après M. Auber, m'a privé ce soir-là d'une illusion bien grande. Je l'avais avertie cependant qu'on la tuerait à la peine ! Cela est si difficile à une pauvre jeune artiste qui n'est pas formée de résister longtemps à cette passion qu'on appelle l'Opéra. Il faut à toute force laisser reposer Mlle Falcon : l'avenir de l'Opéra en a besoin. (*Les Débats*, 4 mars 1833.)

Malgré les raisons sérieuses qui, en l'espèce, motivaient l'indulgence de Jules Janin, Falcon, dont l'esprit s'appliquait à tout ce qu'elle entreprenait avec une extrême conscience et un entier dévouement, dut amèrement souffrir des critiques de l'influent rédacteur des *Débats*. Elle, dont tous les efforts avaient certainement tendu vers la réalisation la plus parfaite du rôle d'Amélie, voyait ces efforts réduits à néant, elle n'existait plus : *elle avait succombé.*

C'est dans de pareils moments, si pénibles pour l'amour-propre d'un artiste, que sa conscience se révèle. Au lieu de se laisser abattre, il profite des leçons, en fait un aliment de force, se remet au travail..... et triomphe. C'est ce qui arriva pour Cornélie Falcon : nous verrons comment elle surgira dans *Don Juan*, dans *la Juive* et dans *les Huguenots* !

Du reste, Jules Janin, critique d'une indiscutable valeur, mais dont la verve était d'autant plus brillante qu'elle s'exerçait avec dureté, paraît en l'occurrence avoir été d'un mordant très exagéré à l'égard de Falcon.

Mais revenons au fameux costume porté par Cornélie Falcon au troisième acte de *Gustave III*. La « mise d'ouvrage », conservée aux Archives de l'Opéra, va nous indiquer de quelles matières premières était confectionné cet « habit de théâtre », et aussi son prix de revient.

La robe était faite de velours de soie vert, de Lyon, garnie de brandebourgs, également en soie verte, retenus par des olives en soie gris perle avec frange. La redingote était en velours de soie vert émeraude, de Lyon, garnie de fourrure de chinchilla formant pèlerine avec parements et manches pendantes, garnies intérieurement et bordées. Le tour du bonnet était en fourrure de Kolinski « en remplacement de celle de chinchilla ». Le tout se montant à l'invraisemblable somme de 527 francs 60 centimes.

Ajoutons que ce costume est de beaucoup le plus cher de tous ceux de la pièce. Seul, celui de Nourrit, « costume national du roi de Suède », atteint le chiffre de 455 francs 65 centimes.

Nous laissons à d'autres le soin d'établir le rapport de ces prix avec les prix actuels.

***

Après *Gustave III*, Véron fit représenter *Ali-Baba ou les Qarante voleurs*, de Chérubini.

Pour *Ali-Baba*, Scribe et Mélesville ayant à construire une pièce devant servir de cadre à une musique déjà composée, du moins en partie, se trouvèrent devant une difficulté réelle. On doit avouer, qu'à ce point de vue, ils s'en tirèrent assez convenablement ; mais ils commirent une grosse erreur en prenant le parti de ne pas utiliser le « merveilleux », qu'on trouvait alors froid transporté au théâtre, et en dépouillant ainsi leur sujet du côté « féerie », qui eût amusé le public et aurait, en outre, eu l'avantage d'appeler de luxueuses et pittoresques décorations, moyen d'action puissant dans lequel la direction de l'Opéra venait de montrer ce qu'elle pouvait faire. Cette manière d'accommoder, pour la scène, un conte des Mille et une Nuits permit à Scribe et à Mélesville d'éviter Charybde, mais ne les empêcha pas de se briser sur Scylla.

Lorsque l'Académie royale de musique monta *Ali-Baba*, Chérubini était au faîte des grandeurs et d'une renommée acquise au cours de longues années. Italien devenu musicien officiel en France, grâce surtout à la Restauration, Chérubini avait alors dépassé la soixante-dixième année de sa vie, était directeur du Conservatoire, membre de l'Institut et fortement gradé dans l'ordre de la Légion d'honneur. Considéré par tous comme le détenteur de la technique la plus complète qu'un compositeur pût posséder, ses admirateurs, « les internationalistes », le louaient de cette haute science qu'ils unissaient à la sensibilité et à la puissance de ses mélodies pour faire de lui l'artiste complet par excellence : ses détracteurs, « les nationalistes », s'attachant astucieusement à ne mettre en valeur que le côté scolastique de sa langue musicale.

Les journaux étaient le miroir dans lequel se reflétaient ces deux courants d'idées. Alors que *Le Figaro, Les Débats, La Revue musicale*, etc., tenaient pour le talent, le génie intégral de Chérubini, d'autres feuilles, comme *Le Courrier des Théâtres*, par exemple, saisissaient toutes les occasions d'ébranler l'autel sur lequel était placée l'idole venue des pays ultramontains, signalant même que : « Pour recommander M. Kéroubini, on rappelle ses réponses inciviles ou brutales à Napoléon qui voulut bien les souffrir. Singulier moyen ! »

Afin de jeter le discrédit sur « le Dieu », et au besoin le couvrir de ridicule pour le tuer plus sûrement, on publiait de petites aménités dans le genre de celles-ci :

Si l'on persiste à vouloir prouver, comme nous le disions hier, que la musique d'*Ali-Baba* ne s'adresse qu'aux musiciens, quatre auditeurs sont assurés à la pièce, savoir : MM. Berton, Boieldieu, Auber et Halévy. Quelque grands que soient ces messieurs, ils ne rempliront certainement pas assez la salle de l'Opéra pour que l'entrepreneur y trouve son compte. Que si on veut bien admettre dans la salle quelques autres spectateurs, après les quatre que nous venons de nommer, il sera de toute nécessité (pour suivre la pensée des admirateurs à l'avance) que les contrôleurs du théâtre adressent à chacun ces questions : « Monsieur, êtes-vous musicien ? Madame, savez-vous le contrepoint, la fugue, la composition ? De quels instruments jouez-vous, Mesdames et Messieurs ? Etes-vous élèves du Conservatoire, si bien dirigé par et pour il signor Kéroubini ? Quelqu'un de vous a-t-il mis des notes sur des paroles d'opéra ou d'opéra-comique ? Soupiré quelques romances ? Enfin, lisez-vous couramment la gamme ? Ce n'est qu'à ces conditions qu'il est permis d'entrer pour entendre et juger *Ali-Baba*. Le plus amusant sera à la porte. (*Le Courrier des Théâtres*, dimanche 14 juillet 1833.)

Le même journal, ramassant son arme après l'avoir à nouveau fourbie, ajoutait, quatre jours après le précédent article :

Le public bien avisé apprend en ce moment la musique, voire la composition, pour se mettre en état d'ouïr et de juger la savante partition d'*Ali-Baba*. Nul ne sera reçu dans la salle de l'Opéra, le jour de cette grande solennité, s'il ne produit le certificat en bonne forme d'un professeur connu, attestant qu'il a pris au moins cent soixante leçons. Tous les spectateurs qui parviendraient à se procurer des dispenses et qui se permettraient de juger en vertu d'icelles, seront déclarés imbéciles et porteurs d'oreilles doublées en fer-blanc.

On persiflait ainsi « il signor Kéroubini, l'Italien le

moins Français qui soit au monde : priez *per oun* pauvre *petite Italiano,* s'il vous plaît », et encore ceci :

Trois choses capitales : M. Kéroubini est étranger. S'il n'intrigue pas, on intrigue terriblement en son nom. Et il occupe chez nous un poste de quelque importance, qui serait plus nationalement rempli par un Français, *inde iræ,*

Fétis, autre étranger éminent, né à Mons et mort à Bruxelles, était tout naturellement porté à ne voir en Chérubini que le grand artiste qu'il était réellement, sans faire intervenir dans son jugement les contingences de nationalité si profondément ancrées au cœur des patriotes français, lesquels jugeaient comme très mauvaise cette intrusion de l'élément étranger dans la vie parisienne d'alors.

Nous allons voir sur quel mode triomphant il entonne les éloges du maître florentin :

La partition d'*Ali-Baba* est une production digne d'exciter la plus vive admiration, non seulement à cause des grandes beautés qui s'y trouvent, mais encore à cause de l'âge de l'artiste qui l'a écrite. Car si les auteurs du livret ont écrit leur pièce pour l'ancienne musique de Koucourgi, M. Chérubini a bien trompé leur attente en ne conservant de cette musique qu'un très petit nombre de morceaux et en faisant un ouvrage presque entièrement neuf. C'est quelque chose de merveilleux que de voir un musicien dont la plume s'est exercée de si bonne heure, et dont on connaît des ouvrages datés de 1773, écrire avec la verve de la jeunesse une immense composition, cinquante-huit ans après, et modifier son talent avec une rare facilité, sans cesser d'être lui-même ; d'avoir su trouver des idées fraîches et brillantes quand on n'espérait de lui que de l'expérience et du savoir, et d'avoir rencontré des accents d'amour et de passion dans un cœur septuagénaire.

J'insiste sur ces considérations parce qu'il me semble que Chérubini est le seul exemple qu'on puisse citer d'un pareil phénomène.

A la fin du XIXe siècle, Verdi a renouvelé ce phénomène en écrivant, alors qu'il avait près de quatre-vingts ans, *Otello* et *Falstaff*, compositions d'une technique et d'une esthétique toutes différentes de celles de ses premiers ouvrages.

Charles de Boigne trouve que les fastidieux quarante voleurs de Scribe et Mélesville auraient mieux fait de rester éternellement enfouis dans leurs cruches et dans les œuvres de Galland, et que Chérubini, demandant à l'Opéra l'hospitalité pour *Ali-Baba*, lui fait l'effet de Bélisaire tendant son casque aux passants. Il est évident que cette musique forte, nourrie de la puissante sève des contrapuntistes du XVIe siècle, nourriture dont Chérubini avait été alimenté par son maître de Bologne, Sarti, n'était pas de nature à plaire à la masse du public ; aussi, pour la partie la plus nombreuse des auditeurs, l'ouvrage parut peu attrayant et fut en somme condamné ; cependant, les beautés supérieures contenues dans cette œuvre s'imposèrent à l'élite du public.

Les parties vocales étaient elles-mêmes écrites de telle sorte que les chanteurs trouvaient leurs rôles difficiles ; c'est ainsi qu'au cours d'une des nombreuses répétitions nécessitées par cet opéra, l'un d'eux, se plaignant à Chérubini de la peine qu'il éprouvait à apprendre le sien par cœur, s'attira du maître la réponse suivante : « C'est que je n'ai pas fait ma partition par cœur. »

En ce qui concerne Falcon, son rôle était insignifiant.

A ce sujet, *Le Courrier des Théâtres* s'exprimait ainsi : « Mlle Falcon n'a qu'un petit rôle et c'est assez » ; on aurait pu dire plus justement : le rôle de Mlle Falcon est petit, mais en revanche il est mauvais. Jules Janin s'empresse de le déclarer de cette manière :

> Le personnage confié à Mlle Falcon, Morgiane, la belle esclave d'Ali-Baba, si courageuse et si spirituelle dans le conte des Mille et une Nuits, est devenue une petite fille pleureuse, tremblante et criarde, qui n'est bonne qu'à chasser les mouches.

et, toujours sévère, il ajoute :

> Je n'ai rien à dire de Mlle Falcon ; elle n'a rien à chanter. Il n'y avait qu'un costume étriqué et déplaisant, c'était celui de Mlle Falcon. (*Les Débats*, mercredi 24 juillet 1833.)

La juste mesure est évidemment donnée par *Le Journal des Femmes*, dans lequel figurent, le 27 juillet et le 24 août 1833, deux remarquables études très favorables à Chérubini, études desquelles nous extrayons le passage suivant :

..... Ce sentiment ardent, cette expression' passionnée, on les trouve dans Mlle Falcon ; il est à regretter que son talent ait été, cette fois, emprisonné dans un petit rôle que des convenances de mise en scène ont encore écourté ; il n'y a pas place à ces beaux élans, à ces inspirations soudaines, à ces chants larges et puissants, qui ont fait disparaître, pour Mlle Falcon, l'espace qui sépare ordinairement les débuts et les premiers rangs des succès dramatiques. (24 août 1833.)

Voilà la vraie note, dépourvue de toute malveillance.

Quant au *Figaro*, dans les comptes rendus qu'il fit d'*Ali-Baba*, il est parlé de Mme Damoreau, de Nourrit et de Levasseur, mais pas la moindre allusion à Falcon ; c'est la conjuration du silence.

Le congé de Nourrit interrompit les représentations d'*Ali-Baba* après la troisième ; la pièce, reprise au retour du célèbre ténor, n'alla pas plus loin que la onzième représentation.

Chérubini pensait que la cause du demi-succès de son ouvrage tenait à la mauvaise exécution chorale, à laquelle il attachait une grande importance. « Avec de misérables chœurs comme ceux de l'Opéra, disait-il, il n'y a pas de succès possible. Jamais je n'ai pu parvenir à faire chanter ni même faire marcher en mesure un seul de mes quarante voleurs. » En effet, pendant les répétitions, la « Marche des Quarante Voleurs » avait été l'objet d'une grande partie de ses soins. Il ne cessait de taper avec sa canne sur le plancher et de crier : « En mesure, Messieurs !... Messieurs, en mesure ! »

En somme, la création du rôle de Morgiane ne fut d'aucune utilité pour Cornélie Falcon.

Entre *Ali-Baba* et la troisième création de Cornélie Falcon se placent deux manifestations artistiques que nous nous plaisons à relater ; car, tout à l'honneur de notre cantatrice, elles la montrent sous un jour spécial et particulièrement favorable.

La première de ces manifestations eut lieu à l'Institut, où l'on faisait entendre la cantate qui avait valu le premier grand prix de Rome à M. Thys, condisciple de Falcon au Conservatoire. Celle-ci, en bonne camarade, et quoique surchargée de travail, ne refusa pas au jeune compositeur de lui apporter, en la circonstance, le précieux concours de son talent.

La cantate en question, intitulée : *Le Contrebandier espagnol*, eut l'heur de plaire au rédacteur de *La Revue musicale*, qui la déclare l'une des plus intéressantes et des meilleures qu'on ait entendues à l'Institut :

La musique de M. Thys, le jeune lauréat élève de M. Berton, nous a paru en général, correcte et élégante. On ne peut exiger dans un élève qui sort des bancs de l'école et qui prend son essor ce vol hardi, audacieux, qui n'appartient qu'au génie libre de toute entrave. D'unanimes applaudissements, dont M. Alexis et Mlle Falcon ont dû prendre leur part, ont solennellement sanctionné le jugement de l'Académie. (Samedi 19 octobre 1833.)

Thys, nom ignoré redevable à Cornélie Falcon de revivre un instant ! Qui se souvient des œuvres de ce compositeur, représentées à l'Opéra-Comique : *Alda, Oreste et Pylade, L'Amazone, La Sournoise* ?

C'est au Conservatoire qu'eut lieu la seconde des manifestations musicales dont nous trouvons la trace.

Les organisateurs d'un concert de bienfaisance pensèrent, fort judicieusement, que la présence de Cornélie Falcon serait une grosse chance de recette pour l'œuvre à laquelle ils s'intéressaient. On lui demanda son concours et Falcon accepta d'autant plus volontiers qu'elle allait chanter pour une œuvre charitable, mais aussi dans la salle et sur la scène où elle avait remporté ses succès d'école. Pour elle, que de souvenirs allaient renaître grâce à cette circonstance !

Le jour du concert, la salle était trop petite pour contenir les auditeurs au nombre desquels se trouvaient tous les artistes du Théâtre Italien : la Malibran, Giulia Grisi, Tamburini, Rubini, etc.

Lorsque Cornélie Falcon parut, une longue ovation salua la chanteuse aimée et appréciée, la nouvelle élue.

Le programme de Cornélie Falcon comportait une *Cantate* de Beethoven, sans désignation spéciale.

Qu'était-elle ? En voici du moins le sujet :

C'est une femme, Ariane peut-être, qui se lamente. Dès les premières mesures commence un récitatif impétueux, puis la tempête éclate. Tout ce qu'une femme peut chanter de plaintif, d'amer, de suppliant à son époux qui l'abandonne, tout cela est dans cette musique désordonnée et folle comme la jalousie, l'amour et le désespoir. Elle blasphème, elle crie, elle pleure, et quand la voix lui manque, elle tombe épuisée sur le roc. Alors ses cheveux roulent sur ses épaules, ses regards humides s'abaissent, cependant que l'air est calme et le ciel bleu. Et tandis qu'apparaissent les étoiles, de plus douces pensées percent les ténèbres de son âme, et sa douleur va s'effaçant par degrés dans un adagio d'une admirable résignation.

Mlle Falcon chanta cette scène avec une intelligence exquise des plus mystérieuses intentions du grand maître et un sentiment parfait de la mesure et du ton. Cela n'a rien d'étonnant : lorsqu'une cantatrice prend sous sa protection une musique ignorée, elle met d'ordinaire à l'exécuter tout ce qu'elle a de voix, de talent, car il faut qu'elle fasse adopter par le public tout ce qu'elle trouve beau, et sa conviction la soutient dans son entreprise. Mlle Falcon s'est tirée à merveille de cette double épreuve, et vient d'attacher son nom à cette page immortelle du grand Maître. Il est beau de contribuer pour sa part à la gloire de Beethoven, et la satisfaction qui naît d'une telle pensée vaut bien celle que donne un bouquet de camélias qui tombe en s'effeuillant à vos pieds. (*La Revue des Deux Mondes.*)

Ce sont précisément ces considérations sur l'art de l'interprète que Cornélie Falcon allait appliquer à *Don Juan.*

***

L'année 1834 fut pour Cornélie Falcon remplie par un labeur intensif. Elle dut apprendre quatre rôles importants et de caractères très différents : Donna Anna, de *Don Juan* ; Julia, de *La Vestale* ; Mathilde, de *Guillaume Tell* ; et enfin la Comtesse, du *Comte Ory*.

Puisque je parle de l'Opéra, disons que l'autre jour au dernier bal masqué qu'il a donné, l'Opéra a dû être étrangement surpris d'entendre une parade jouée par M. Arnal et par M. Lepeintre. Cette mauvaise plaisanterie a été sifflée. Sans nul doute, cette leçon que le public a donnée au théâtre de son choix ne sera pas perdue. Mais chut ! Ecoutez ! Faites silence ! N'entendez-vous pas quelque chose de merveilleux qui vient là-bas de l'Allemagne ? Ecoutez ! Quels mystérieux accords ! Quels accents solennels ! Quelles voix du ciel et de l'enfer ? Ce sont des femmes qui pleurent, des femmes qu'on outrage. C'est le bruit d'un bal ; ce sont de nocturnes rendez-vous d'amour dans la nuit sombre ; c'est un vieux père qui tombe immolé sur l'honneur de sa fille ; c'est le triomphe et la défaite de l'impie : aussitôt que tout se taise, qu'on vide la place, qu'on se prosterne ; allons vite, disparaissez, danseurs, évanouissez-vous, danseuses légères, emportez ces tréteaux de la foire, et dont la foire ne veut plus ; Messieurs du vaudeville, allons, allons, place ; silence et respect, voici venir dans toute la pompe de ses fêtes, dans toute la richesse de ses costumes, dans tout l'enivrement de son athéisme et de son amour, dans toute sa funèbre gaieté, voici venir le chef-d'œuvre des chefs-d'œuvre, le roi, le maître et le dieu du monde lyrique, la grande idée qui a passé en s'augmentant toujours par les trois plus grands génies du monde, de Molière à Mozart, et de Mozart à Byron, voici venir le *Don Juan* de Mozart. (*Les Débats*, lundi 10 mars 1834.)

C'est par ces nobles paroles que Jules Janin rendit compte de la première représentation de *Don Juan* à l'Académie royale de musique et donna l'analyse de l'œuvre immortelle.

Pour la mise de *Don Juan* au théâtre, Véron, comme pour les autres ouvrages montés par lui, avait bien fait les choses ; les décors et les costumes étaient magnifiques. Quant à l'accommodation du livret par Castil-Blaze et Deschamps, certains critiques la jugeaient très sévèrement. Le ballet, lui aussi, bien qu'on eût puisé dans les symphonies et les quatuors de Mozart les fragments qui servirent à le constituer de toutes pièces, n'en était pas moins l'objet de réprobations dont la rigueur était cependant atténuée du fait de cette évidence qu'il *fallait* un ballet à une pièce quelconque pour être admise par le public de l'Opéra.

On commit aussi l'erreur de ténoriser le rôle de Don Juan afin de permettre à Nourrit de le chanter, faire des déclarations d'amour étant exclusivement réservé aux ténors !

Outre Nourrit, qui du reste fut excellent, Falcon avait été choisie, le soir même de son premier début, pour créer le rôle de donna Anna. Voici, raconté par Castil-Blaze, comment cela se fit :

Nous avions le projet de mettre en scène le chef-d'œuvre des chefs-d'œuvre, *Don Juan* de Mozart. Mlle Falcon avait à peine chanté deux actes de *Robert le Diable*, que j'allai sur le théâtre lui faire mes compliments et dire à M. le directeur : « Voilà notre donna Anna trouvée, nous sommes en force pour attaquer *Don Juan.* »

Les autres rôles étaient chantés par Levasseur (Leporello) ; Lafon (Ottavio) ; Dabadie (Mazetto) ; Dérivis (le Commandeur) ; Dorus-Gras (Elvire) ; Cinti-Damoreau (Zerline) ; distribution vocale de premier ordre. Pourtant, *Don Juan* n'attira pas la foule à l'Opéra, ce qui, après tout, est assez naturel lorsqu'on se souvient de ce que Mozart disait de cette œuvre : « J'ai composé cet ouvrage pour moi et quelques amis. »

Cornélie Falcon, très émue et même indisposée le soir de la première, avait, dès la seconde représentation, « repris son courage et retrouvé cette expression vraie et ce naïf entraînement qui sont l'habileté et le talent de la jeunesse » (Jules Janin, *Les Débats*).

Avec sa modestie et sa haute probité, il fallut à Cornélie Falcon une certaine accoutumance pour acquérir la maîtrise lui permettant de dominer, puis de rendre l'émotion qu'elle éprouvait si profondément au contact du personnage de donna Anna ; mais une fois ressaisie, elle fut incomparable.

Fétis, assez peu enthousiaste de Falcon jusque là, va devenir un peu plus chaleureux dans ses éloges :

Après de brillants débuts dans l'opéra de Meyerbeer, Mlle Falcon avait paru sans succès dans *Moïse* et dans *Fernand Cortez*; elle vient de se relever avec éclat par la manière dont elle a conçu et exécuté le rôle si difficile de Donna Anna, ce rôle, phénomène peut-être unique au théâtre, si beau malgré son uniformité, qui n'est en quelque sorte qu'un long gémissement et auquel rien ne manque, quoiqu'il n'ait pas de contrastes. Mlle Falcon a saisi toutes les nuances de la douleur d'abord exaltée, puis mélancolique d'Anna, avec une grande délicatesse. Sa voix pure et accentuée s'est bien développée dans le cours de cet ouvrage. (*La Revue musicale,* dimanche 16 mars 1834.)

Nous allons voir comment Hector Berlioz, à son tour, parle de Falcon dans l'étude qu'il consacra à *Don Juan* le 15 novembre 1835 (*Le Journal des Débats*).

Après avoir expliqué la raison qui fait que le duo du premier acte entre Ottavio et donna Anna produit ordinairement plus d'effet à l'Opéra qu'au Théâtre Italien, Berlioz ajoute :

Disons aussi que Mlle Falcon est pour beaucoup dans cette différence. Mlle Grisi n'aime guère Mozart et ne joue donna Anna qu'à contre-cœur ; ce n'est pas en Italie, où jamais *Don Giovanni* n'obtint droit de cité, qu'elle pouvait apprendre à goûter cette musique. Mlle Falcon, au contraire, la chante avec amour, avec passion ; on s'en aperçoit à l'émotion qui la tourmente, au tremblement de sa voix dans certains passages touchants, à l'énergie avec laquelle elle lance certaines notes, à l'habileté qu'elle met à faire ressortir plusieurs coins du tableau que la plupart de ses rivales laissent dans l'ombre. Je n'ai pas entendu Mlle Sontag dans donna Anna, mais de toutes les autres cantatrices que j'ai vues s'essayer dans ce rôle difficile, Mlle Falcon me paraît incontestablement la meilleure sous tous les rapports.

Voilà des éloges qui durent mettre du baume sur la plaie ouverte au cœur de la jeune artiste par les critiques sévères et exagérées de Jules Janin à propos de *Gustave III*. Berlioz lui donnait l'investiture réservée aux grands artistes.... le public avait déjà investi Cornélie Falcon de cette dignité. Une circonstance fortuite allait lui permettre de se manifester dans un autre chef-d'œuvre.

A la représentation extraordinaire donnée le 3 mai 1834 au bénéfice d'Adolphe Nourrit, le programme comportait, outre le premier acte de *La Dame blanche* et le troisième acte de *La Révolte au Sérail*, les deux premiers actes de *La Vestale*, de Spontini.

Dans le rôle de Julia, Falcon fut appréciée très différemment. Deux articles opposés l'un à l'autre montreront l'opinion placée à l'équateur et au pôle. Le premier émane de *La Revue des Deux Mondes* ; le voici :

> Mlle Falcon a très bien compris le caractère de la jeune prêtresse ; l'expression douce et triste de son visage répandait une teinte charmante sur les premières scènes. C'était une chose intéressante de voir cette jeune fille, hier encore à ses débuts, s'aventurer aujourd'hui seule et sans tradition dans cette grande musique. Elle a joué la Vestale avec sa belle voix, ses larmes et son inspiration, comme la veille elle avait joué Anna, de Mozart, comme demain elle jouerait Ophélie ou Juliette.

Pour *La Revue musicale*, l'insuffisance de Cornélie Falcon dans le rôle de Julia réside dans son manque de connaissance du style de Spontini. Etablissant un rapport entre les créateurs de *La Vestale* et les interprètes de cette représentation, le rédacteur du compte rendu, Fétis sans doute, tend à démontrer combien les seconds sont inférieurs aux premiers :

Quant à Mlle Falcon, dit-il, la comparaison avec Mme Branchu est encore plus désavantageuse ; cette jeune personne a donné de son avenir une fort bonne opinion par la manière dont elle a chanté le rôle de donna Anna dans *Don Juan* ; c'est que la musique de Mozart est dans les habitudes de chant qu'elle a contractées dans les classes du Conservatoire ; mais l'énergie lui manque pour les fortes situations dramatiques et musicales de *La Vestale,* et le modèle lui manquant, elle n'a pas saisi le caractère difficile de son rôle, rôle d'ailleurs excessivement fatigant, puisqu'il a usé en vingt ans quatre générations de cantatrices, savoir : Mme Branchu et son double, Mme Albert, Mlle Grassari et Mme Dabadie. En somme, Mlle Falcon a été très faible de moyens et d'intelligence de la scène dans le rôle de Julia ; elle n'y a point produit d'effet, et les belles situations de La Vestale ont été manquées. (Dimanche 11 mai 1834.)

Si maintenant, s'en référant à la parole autorisée d'Hector Berlioz, on considère un article de cet éminent critique, paru dans *Le Rénovateur,* il semble bien que ce soient les éloges adressés à Falcon par *La Revue des Deux Mondes* qui doivent prévaloir sur « l'éreintement » de *La Revue Musicale.* L'auteur de *La Damnation de Faust,* après avoir déploré que le chef-d'œuvre de Spontini, au lieu d'avoir été représenté intégralement, n'ait

LES HUGUENOTS (Pas de Six)

Fragment inédit

(Archives de l'Opéra)

été donné que fragmenté, tend à démontrer que, chez Cornélie Falcon, voix, tempérament et physique se rencontrent et se combinent à merveille pour former un tout homogène propre au rôle de Julia. Il s'exprime ainsi :

Ceux qui avaient compté sur la représentation au bénéfice de Nourrit n'ont pas dû être satisfaits de l'exécution incomplète de l'œuvre de Spontini ; le troisième acte est magnifique ; il avait été supprimé. Mlle Falcon semble redouter le rôle de Julia ; elle devrait au contraire avoir pour lui une prédilection marquée. Il y en a peu, à mon avis, qui puissent lui fournir autant d'occasions de se montrer avec tous ses avantages. Il est, à la vérité, extrêmement fatigant ; mais que de richesses inappréciables il contient, quelle mine d'or pour qui en ose sonder les profondeurs ! Julia est un caractère timide, d'abord ; mais exaspéré par la passion, il devient d'une audace et d'un emportement inouïs. Julia a une voix douce, d'un timbre sonore, pleine d'accent, capable aussi de s'élever jusqu'aux éclats les plus énergiques, aux interpellations les plus incisives ; elle a de grands yeux noirs que voilent de longs cils, et dont les éclairs parfois décèlent son âme ardente de vierge et de Romaine. Mlle Falcon semble faite pour réaliser complètement l'idéal du personnage si admirablement peint par le compositeur et dont on retrouve en elle tous les traits. Pourquoi donc ne cherche-t-elle pas à nous le rendre ? Nous en sommes privés depuis si longtemps. Voudrait-elle éviter un tel rôle par cela seul qu'il est fatigant ; ou craindrait-elle de s'engager dans une route qui n'est pas celle de la mode ? Cela serait fâcheux. Il est au-dessous de l'artiste de se laisser guider par de tels motifs ; espérons qu'il n'en est rien, et que si on ne revoit plus *La Vestale* sur l'affiche de l'Opéra, des raisons administratives en sont la véritable cause. (Dimanche 13 juillet 1834.)

Etant donné cette analyse des possibilités que Cornélie Falcon pouvait apporter au rôle de Julia, il est à peu près impossible de douter qu'elle n'y ait été excellente. Cela est si vrai que *La Vestale*, chantée par Falcon, fut donnée à nouveau le 13 août 1834, dans un « spectacle demandé », et, le 10 septembre, à une représentation ordinaire.

Un article, paru dans *La Revue de Paris*, souligne les qualités supérieures dont Cornélie Falcon fit preuve lors de la représentation donnée en août 1834 :

> Mlle Falcon a bien su traduire, dans son rôle de la Vestale, le caractère à la fois rêveur et passionné dont l'expression est si belle dans la musique. Elle a dit en inspirée le magnifique *agitato* de l'air du second acte ; mais où elle a été surtout admirable, ç'a été dans le *cantabile* qui suit. Cette belle mélodie l'avait émue au point que, vers la fin, ce n'était pas seulement sa voix, mais bien aussi ses yeux qui pleuraient, ou plutôt c'était toute son âme. (Août 1834, p. 210.)

Il est merveilleux de voir le talent de Cornélie Falcon se prêter, s'appliquer à des genres très différents : elle peut, à son gré, l'assouplir, passer du grave au doux, du plaisant au sévère avec un égal succès.

La collection d'affiches, conservée aux archives de l'Opéra, relate que, après s'être produite dans *Don Juan* et *La Vestale*, Falcon chanta Mathilde, dans *Guillaume Tell*, les 9 et 28 mai, le 30 juin, etc. ; la Comtesse, du *Comte Ory*, les 24 et 26 septembre, 6 octobre et 5 novembre 1834.

Pour ce qui est de la façon dont elle chanta *Guillaume Tell*, nous sommes renseigné par des appréciations comme celle-ci :

> Mlle Falcon a joué et chanté le rôle de Mathilde avec une supériorité de talent qu'on attendait d'elle, mais dont nous n'avions pas encore fait l'heureuse expérience.

Plus loin, le même critique ajoute « qu'elle réussit fort bien dans la musique large et forte de cet ouvrage » (*La Revue de Paris*, juin 1833).

En ce qui concerne *Le Comte Ory*, un article de la *La Revue des Deux Mondes* nous instruira à cet égard :

> Aux dernières représentations du *Comte Ory*, Mlle Falcon s'est emparée avec honneur du rôle de la Comtesse, l'un des plus difficiles du répertoire de Mme Damoreau. Pour qui avait assisté aux débuts de cette jeune cantatrice, ou l'avait entendue chanter cette grande musique de *La Vestale*, il était clair que c'était là un talent énergique et vrai ; mais tout en admirant la puissance et la vibration de cette voix si pleine, on pouvait encore douter de son agilité. Le rôle de la Comtesse a donné à Mlle Falcon l'occasion de faire briller un côté de son talent qui, jusqu'ici, était resté dans l'ombre.

Au mois d'octobre 1834, Cornélie Falcon se fit entendre aux obsèques de Boieldieu :

> La *Messe* de Chérubini a été chantée à l'Hôtel des Invalides à l'occasion des funérailles de Boieldieu. Mlle Falcon et Nour-

rit constituaient les rôles. Ainsi, dans la même semaine, ces deux artistes ont aidé à la gloire naissante d'un jeune musicien, dont l'étoile se lève, et salué l'astre éteint de Boieldieu. Il est impossible de faire un plus noble emploi de son talent et d'accomplir avec plus de dignité la religion de l'art. (*La Revue des Deux Mondes.*)

Dans une de ses lettres, Berlioz, après avoir constaté que les directeurs de théâtre refusent systématiquement le concours de leurs acteurs, dit ceci : « M. Véron a fait un miracle dernièrement en me prêtant Mlle Falcon. » Grâce à cette autorisation directoriale, Cornélie Falcon put prendre part au concert donné par Berlioz et Girard, le dimanche 23 novembre 1834, concert où elle chanta *La Captive* et *le Jeune pâtre breton* « qu'elle comprit et rendit de la manière la plus satisfaisante ». Un an après, à un autre concert de Berlioz donné aux Menus Plaisirs, outre le même programme vocal que l'année précédente, Falcon interpréta l'air du *Crociato*, de Meyerbeer, de façon à lui valoir le bel éloge que voici :

Quant à l'air du *Crociato*, chanté par Mlle Falcon, l'effet en a été surprenant et tel qu'il semblait impossible à une cantatrice française d'y jamais atteindre. (*La Revue de Paris*, T. 23, p. 355.)

Au cours de cette année 1835, « le jeune musicien dont l'étoile se lève », Halévy, va donner au théâtre son chef-d'œuvre.

***

Aucun ouvrage n'exigea une élaboration aussi lente que celui dans lequel allait briller Cornélie Falcon : *La Juive.*

A l'origine, le poème de *La Juive* était tout autre, bien que le processus de ses situations dramatiques présentât le même contexte : la scène se passait à Goa, le concile de Constance était remplacé par l'Inquisition, et les personnages, quoiqu'ils restassent les mêmes par le fond de leur action dans le drame, portaient des noms différents du fait que cette action se passait dans un pays conquis par les Portugais.

Dans une lettre appartenant aux archives de l'Opéra, Scribe expose toute l'économie de ce premier plan et ajoute : « Je regretterai toujours que la pièce n'ait pas été jouée ainsi à Paris. »

Peu de temps après la première représentation à Paris, l'éditeur, Maurice Schlésinger, désirait que *La Juive* fût jouée en Allemagne, mais craignait que le concile de Constance, introduit dans cet opéra, et la présence d'un cardinal sur le plateau, ne fussent blessants pour les idées religieuses des Allemands. Schlésinger ayant exprimé ses craintes au librettiste, celui-ci lui proposa de reprendre, pour l'Allemagne, le plan primitif de l'ouvrage et de le donner ainsi.

Telles sont les raisons qui motivèrent notre intéressante lettre.

Le livret de Scribe était le type de la pièce « à grand spectacle ». Outre des décors magnifiques, des costumes somptueux, une figuration énorme, il y avait encore des chevaux et des cavaliers ; aussi, dès que furent connues la splendeur et l'importance de la mise en scène que Véron et Duponchel consacraient à *La Juive*, on feignit de ne considérer cet ouvrage que sous l'aspect d'une parade musicale, la musique ne comptant que comme accessoire, tout l'intérêt portant sur le spectacle des yeux. Ecoutons les gémissements que faisait entendre à ce sujet un journal de l'époque :

Aujourd'hui il ne s'agit plus pour un opéra d'orchestre, de chanteurs, mais bien d'armes luisantes et de coursiers caparaçonnés.

C'était la première fois, en effet, que des chevaux foulaient le plateau de l'Opéra ; c'est pourquoi le journal ajoute :

Depuis un mois, le théâtre est converti en un vaste manège, où s'escriment nuit et jour de pauvres diables bardés de fer. On n'a jamais poussé la bouffonnerie aussi loin : ce sont les forgerons qui retardent en France la mise en scène d'un opéra. On sait d'avance que dans cette pièce il y aura une Juive, que cette Juive sera séduite par un prince catholique et qu'au dénouement, le prince catholique sera battu et la Juive brûlée. L'on sait aussi que tout cela sera écrit dans un style incroyable, parsemé de gracieux solécismes, d'antithèses choisies, et de sonnantes métaphores chères à M. Scribe.

Castil-Blaze voulant marquer le peu d'importance de la musique de *La Juive* et faisant état de la présence de chevaux et d'écuyers sur la scène, assimilait cet ouvrage à un spectacle de cirque et, dès lors, le traitait d'*Opéra-Franconi.*

Quoique la première ne dût avoir lieu que le 28 février 1835, dès le 12 mars 1834, et même avant cette date, les journaux publiaient des notes dans le goût de celle-ci :

> Un opéra en cinq actes, que les indiscrets attribuent à M. Scribe, ayant M. Halévy pour collaborateur, se tient au bord des cartons Lepelletier, dans le cas où l'on viendrait à penser à lui pour l'hiver prochain.

La vérité est que la direction avait reçu l'ouvrage depuis longtemps. La partition de *La Juive* fut terminée à la fin de décembre 1833 et livrée aux copistes vers le milieu de janvier 1834. La copie des parties de toutes sortes, rôles, chœurs et orchestre, demanda plusieurs mois, puisque les études ne commencèrent pas avant le milieu de mai 1834. A partir de cette époque, on travaillait à force ; cependant, l'œuvre n'était jamais au point. Dès le commencement d'octobre, on annonçait la prochaine apparition de l'ouvrage, mais il fallut surseoir, surseoir toujours.

Les artistes seraient prêts (à l'Opéra, ils le sont toujours), mais les décorations, les costumes et cet ensemble de détails avec lesquels on soutient, depuis quelque temps, les *poèmes*, retarderont encore de beaucoup *La Juive.*

Au dernier moment, la date de la première représentation fut encore reportée par suite de diverses indispositions de Mlle Falcon, dont la cause principale résidait dans les craintes que lui inspiraient un rôle fort important et la responsabilité qu'il entraînait. Les *Mémoires* de Véron relatent que pendant près de quinze jours après la dernière répétition générale, Halévy et lui se rendaient chaque matin chez Mlle Falcon afin de savoir si elle pourrait chanter le lendemain.

Enfin, le jour tant attendu arriva. Lorsque le rideau se baissa après le dernier acte, il était plus de deux heures du matin ; toutefois *La Juive* venait de remporter un succès, discuté, mais qui devait durer.

Quelques jours après la première, on déclinait déjà ainsi :

La Juive
de la Juive
à la Juive
Voilà ce que le public
veut
d'où il sort,
où il retourne.

Les interprètes, Nourrit et Falcon en particulier, furent unanimement appréciés :

Mlle Falcon et Nourrit n'ont point seulement été des chanteurs excellents, ils se sont élevés à une hauteur de drame qui est presque un luxe à l'Opéra. (*Le Figaro*, mercredi 25 février 1835.)

L'émotion communicative des voix vibrantes de Falcon et de Nourrit fut si forte que plusieurs belles phrases ont disparu sous des applaudissements que rien ne pouvait contenir. (*La Gazette musicale*, dimanche 1er mars 1835.)

Adolphe Nourrit, le maître de Cornélie Falcon, quoique devenu son camarade à l'Opéra, n'en avait pas moins continué, auprès de son élève préférée, ses précieux offices, sinon de professeur, du moins de conseiller, cela jusqu'à *La Juive* exclusivement. Par une lettre de Nourrit, lettre adressée à un ami, nous apprenons qu'à partir de ce moment, Falcon volait de ses propres ailes ; le célèbre chanteur tient à lui laisser entièrement le bénéfice de la composition du rôle qu'elle vient de créer. Après avoir apprécié avec discernement la musique d'Halévy et constaté le succès de *La Juive*, Nourrit s'exprime ainsi :

Mlle Falcon a une bonne part à revendiquer dans cette victoire, et cette fois je ne suis pour rien dans son succès ; car elle n'a répété son rôle qu'une seule fois avec moi, et je n'ai eu qu'à dire *amen* à tout ce qu'elle faisait.

Il n'en est pas moins vrai que, pour le chant comme pour le jeu, Cornélie Falcon ne perdit jamais de vue Adolphe Nourrit, son maître, son modèle

Véron, dont la direction allait prendre fin, marqua de galante façon sa satisfaction à Falcon ainsi qu'à Mme Dorus-Gras :

En reconnaissance de la part si heureuse et si active que le talent de Mlle Falcon et celui de Mme Dorus-Gras ont eu au succès de *La Juive*, M. le Directeur de l'Opéra a fait remettre à chacune de ces dames une riche parure qu'il les a priées d'accepter. (*Le Figaro*, jeudi 26 février 1835.)

Le docte Fétis est, cette fois, tout à fait conquis par Rachel :

Mlle Falcon est une grande artiste dans le rôle de la Juive, et sa voix a des accents par lesquels il n'est pas possible qu'on ne soit pas ému. (*La Revue musicale.*)

Tels sont les termes dont il se sert pour traduire ses impressions.

On sait qu'à la fin de la pièce, Rachel est précipitée dans une chaudière. Ce dénouement valut à la splendeur des yeux de Cornélie Falcon l'hommage que voici :

En voyant marcher au supplice la pâle et svelte jeune fille, un spectateur dit à mi-voix :

« Cela va faire un maigre bouillon. »

— « Peut-être, riposte vivement son voisin, mais il aura de beaux yeux (Camille Bellaigue). »

Quand on relit les journaux de la période qui nous occupe, on voit combien étaient catégoriques dans leurs jugements les critiques d'alors. Pour eux, point de compromis, de ménagements ; dans la question qui se pose, quelle qu'elle soit, ils prennent franchement parti pour ou contre. Extrêmement documentés, ils étudient point par point le sujet dont ils traitent, et si, quelquefois, il leur arrive d'être un peu de parti pris, ils le sont avec esprit. De plus, tous sont gens cultivés, des lettrés, écrivant un français élégant et précis.

Nous n'avons certes pas la prétention de découvrir Jules Janin ; cependant, au point de vue théâtral, cet écrivain, brûlant s'il le faut les dieux qu'il a adorés, ou, au contraire, exaltant un artiste qui vient de se révéler, alors que précédemment il l'a écrasé, pourrait à notre avis, être pris comme type de la pléiade de critiques intéressants à laquelle nous faisons allusion.

Naturellement, dans le cas particulier, Jules Janin ne se gêne pas pour adresser au livret de *La Juive* des *aménités* de ce genre :

Passons donc par ce poème de M. Scribe comme Mlle Falcon va passer tout à l'heure par l'eau bouillante, à nos risques et périls.

Mais pour la nouvelle Rachel, il en va tout autrement ; entendons comme il la couvre de louanges :

Mlle Falcon a chanté comme elle a joué. C'est une jeune âme qui sort par tous les pores, et qui se fait jour de toutes parts. Qui dirait, à la voir jouer ainsi, à la voir tour à tour tendre, passionnée, heureuse, souffrante, résignée, que cette enfant qui est une grande tragédienne, n'a jamais vu jouer Talma. (*Les Débats*, mercredi 25 février 1835.)

Si l'on se reporte à la façon sévère dont Jules Janin traitait Cornélie Falcon lors de la première de *Gus tave III*, on se rend compte à quel point le ton est change.

Une importante étude de *La Juive*, publiée dans *La Gazette musicale* sous la signature de F. Stoepel, contient une autre appréciation de Cornélie Falcon, qui mérite de figurer ici, tout de suite après celle de Jules Janin, car elle se conjugue fort bien avec elle, la voici :

Honneur surtout à Mlle Falcon ; cette jeune personne, encore à l'âge où la haute tragédie n'est guère accessible aux artistes dramatiques, a montré, dans tout le cours de son rôle, qu'elle avait l'âme et l'intelligence d'une grande tragédienne ; sa voix incisive, pleine de pureté, de force et de douceur, quand il le faut, seconde à merveille chacune de ses inspirations ; ses gestes toujours rapides comme la pensée, dans l'emportement et la passion, n'ont jamais cependant rien laissé à désirer sous le rapport du naturel et de la grâce. Nous voyons déjà la route que son talent va suivre ; le moment est proche où, parvenu à sa maturité, il rendra possible à l'Opéra le drame lyrique, auquel, faute d'une cantatrice tragique, il avait fallu renoncer depuis longtemps. (Dimanche 1er mars 1835.)

Ainsi, le succès de Cornélie Falcon dans *La Juive* fut immense. Vraiment il tenait du prodige. N'était-il pas inconcevable en effet qu'une aussi jeune personne, — elle avait alors vingt et un ans, — réunît en elle tant de qualités portées au superlatif ? C'est que, à la fois superbe chanteuse et grande tragédienne, Cornélie Falcon surgissait comme étant un admirable clavier, contenant tous les sons, une palette complète, comportant tous les tons et aussi tous les frissons. Jamais on n'avait vu chose pareille, jamais de tels accents n'avaient frappé des oreilles humaines et ému tant de cœurs. Cette enfant, en créant un rôle, venait de créer un genre : *les Falcon.*

Avant son admirable création de la Valentine des *Huguenots*, Cornélie Falcon chanta *Le Siège de Corinthe.*

Rossini aurait, tout d'abord, refusé de composer un ouvrage nouveau pour l'Opéra de Paris. Voulant se rendre compte de l'effet que sa musique produirait sur le public français, il préférait que l'on donnât une de ses partitions déjà représentées en Italie. C'est ainsi que furent montés successivement *Le Siège de Corinthe* et *Moïse.*

Le Siège de Corinthe, répété sous le titre de *Mahomet II*, n'est, en effet, qu'un arrangement pour la scène française du *Maometto II* représenté sur le théâtre San Carlo de Naples en 1820. A Paris, l'ouvrage, donné pour la première fois le lundi 9 octobre 1826, obtint un grand succès : la « Bénédiction des drapeaux », notamment, provoqua l'enthousiasme. Cette pièce rappelait à Cornélie Falcon ses succès d'école : on se souvient que c'est dans la scène finale de cet ouvrage qu'elle concourut et obtint le premier prix de déclamation lyrique. Dès lors, il était tout naturel qu'elle chantât le rôle de Pamira, pour lequel elle était préparée et tout indiquée.

Etant donné la célébrité dont jouissait Cornélie Falcon, sa présence dans l'opéra de Rossini éveilla l'attention du public et ajouta à l'intérêt de la reprise du *Siège de Corinthe*, qui eut lieu le 4 décembre 1835. Il n'y eut, dans la presse, qu'une voix pour en constater le succès. Falcon fut à ce point admirable dans le rôle de Pamira que Rossini, enthousiasmé de son interprète, lui demanda très respectueusement de lui baiser la main en même temps qu'il lui offrait une cantate et une symphonie sur lesquelles il avait placé une dédicace fort élogieuse ; pourtant, elle n'en fut pas moins en butte aux insinuations désobligeantes et aux injustes critiques de quelques-uns : les fleurs qu'on lui présente cachent souvent un poignard :

L'Opéra s'est signalé, hier, par l'ensemble de soins éclairé avec lequel il a remis *Le Siège de Corinthe* à la scène. L'effet de cette reprise a d'abord été d'amener une foule immense à l'Opéra, une assemblée toute *dilettante* qui s'est réjouie d'avoir ce qu'elle ne trouve pas aux Bouffes : une riche mise en scène, des chanteurs dispos, un orchestre inimitable et de belles masses formant des chœurs imposants où l'on respecte la mesure... Mlle Falcon a été goûtée dans celui de Pamira, bien que les roulades ne soient pas sa partie forte.

Elle s'est permis de saluer les personnes qui l'applaudissaient et de réitérer ses révérences aussi gauches que déplacées. C'est faire une grave insulte au public que cette jonglerie traite nettement d'*imbécile.* Sans cela la soirée eût été complètement agréable. (*Le Courrier des Théâtres,* samedi 5 décembre 1835.)

Il serait oiseux de faire ressortir l'inanité des reproches adressés ici à Cornélie Falcon : quoi de plus naturel qu'une artiste salue les personnes qui l'applaudissent !

Voici qui est déjà plus juste :

Mlle Falcon, succédant à Mme Damoreau, n'avait pas une tâche facile : la vocalisation légère n'est pas ce qui lui convient le mieux ; qu'elle s'en console ; elle est si belle et si grande cantatrice dans *Robert le Diable* et dans *Don Juan* ! Elle réussit même si bien dans la musique large et forte de *Guillame Tell* ! Malgré son émotion vive, elle a glorieusement triomphé du rôle de Pamira, que certainement Rossini n'aurait pas écrit comme il l'a fait, s'il eût travaillé pour elle. La fameuse phrase : *Rassure-toi, mon père,* et l'air : *Voici l'heure solennelle,* ont produit tout l'effet qu'on devait en attendre. La fortune de Mlle Falcon grandit de jour en jour : le public trouve un égal plaisir à voir et à entendre sa cantatrice favorite. (*Revue et Gazette musicales* du dimanche 13 décembre 1835.)

Enfin, *La Revue des Deux Mondes* relata en ces termes la participation de Cornélie Falcon à l'œuvre du cygne de Pesaro :

Mlle Falcon a produit dans son jour véritable cette création de Rossini comme elle fit quand elle s'empara du rôle d'Alice. Elle abordait ce soir-là un des airs les plus difficiles du répertoire italien, et certes, il fallait du courage ; car si par malheur elle eût échoué dans la partie agile du rôle de Pamira, le public ne lui aurait tenu compte ni de son jeu, ni de sa voix si belle. L'épreuve a été des plus glorieuses pour la jeune cantatrice ; et quoi qu'il advienne maintenant, il est bon qu'elle ait créé ce rôle de la sorte, ne fût-ce que pour faire taire ceux qui prétendent encore aujourd'hui qu'une voix ample et magnifique doit toujours demeurer inhabile aux délicatesses du chant italien, et que la vibration exclut l'agilité, comme si le torrent qui s'épanche à larges nappes de cristal ne pouvait pas tout aussi bien se dispenser en petites gouttes de pluie et de rosée ; enfin l'Opéra revient à la musique et le Directeur se console avec Rossini de l'absence de ses danseuses. (Article signé H. W.)

D'après cet article, il est évident que la jalousie des partisans de Dorus-Gras contre Falcon subsistait et s'exerçait toujours. Ceux-ci, ne pouvant lui dénier « une voix ample et magnifique », insinuaient que la nature de sa voix ne lui permettait pas de chanter des « rôles à vocalises » et que, d'autre part, sa technique vocale le lui interdisait. C'est à ces attaques perfides que Cornélie Falcon répondit en chantant plusieurs fois *Le Siège de Corinthe.*

Dans le même moment, Jules Janin rappelait le nom de Falcon d'une façon assez inattendue. Parlant de l'engouement du public pour les bals masqués de l'Opéra, il clame ainsi son indignation :

Quelle rage de sales plaisirs, quelle abominable pétulance pour de si tristes joies !... Dans ces tristes nuits, Collinet l'em-

Monsieur

J'aurais répondu plutôt à la demande que vous m'avez fait l'honneur de m'adresser, mais ce n'était qu'après quelques représentations que je pouvais savoir le temps fixé pour mon séjour ici. D'après l'accueil que j'ai reçu, je pense qu'il me sera difficile d'abréger le nombre de mes représentations qui seront de dix ou de douze. Je ne suis venue qu'à la 4me d'ici à huit jours, je saurais positivement ce qui m'en tiendra et ce ne sera que dans le cas où j'aurais quelques jours à la disposition de la Direction de Toulouse que je vous écrirai pour vous l'annoncer.

Veuillez agréer mes remerciements, Monsieur, et l'expression de ma parfaite considération

Cornélie Falcon

Bordeaux le 12 Juin 1836

AUTOGRAPHE DE CORNÉLIE FALCON

(Collection Léon Cortiel)

porte sur Mozart, le domino pierrette aux souliers boueux et aux gants troués ferait oublier Mlle Falcon. (*Les Débats*, 11 janvier 1836.)

Après les succès divers qu'elle vient de remporter, après son triomphe de *La Juive*, il semblerait que Cornélie Falcon dût se reposer un instant sur les lauriers conquis ; ce droit lui est refusé. La fatalité la conduit et l'entraîne. Elle a une tâche à remplir. Il faut qu'elle se remette opiniâtrement au travail, qu'elle poursuive son labeur. Sans cesse, elle *doit* apprendre : elle est indispensable aux ouvrages qui vont être montés à l'Académie royale de musique. L'année 1836 va être le complet épanouissement du talent de Falcon, étant donné son jeune âge, on peut dire *du génie qui est en elle*. Ce sera l'année des *Huguenots*.

Meyerbeer avait contracté une dette de reconnaissance et d'admiration vis-à-vis de celle qui, pour lui, incarna le personnage d'Alice dans *Robert le Diable*. Il s'acquitta de cette dette en écrivant « pour Cornélie Falcon » le rôle de Valentine, des *Huguenots*. Le présent qu'il fit à « sa belle inspirée » en lui fournissant l'occasion d'ajouter à sa couronne de gloire le fleuron magnifique de cette création, fut le plus beau qu'il soit possible d'offrir à une cantatrice. Empressons-nous de dire que Falcon fut en tous points digne de l'hommage que lui rendit le maître incontestable de la scène lyrique d'alors, celui qui dictait ses volontés aux théâtres de l'Europe.

Tour à tour, et tout à la fois, admirable chanteuse, interprète tendre, passionnée, pathétique, Cornélie Falcon s'éleva vers le sublime, parvint à des hauteurs non encore atteintes et jamais dépassées depuis.

Les excellents rapports existant entre Meyerbeer et Véron s'étaient rompus à propos d'un fâcheux différend survenu entre le directeur et le compositeur au sujet des *Huguenots*. Véron, connaissant les sages et modestes lenteurs de Meyerbeer, conclut un traité avec lui. Par ce traité, le maître s'engageait à livrer son opéra à une date fixe ; si, à cette date, l'œuvre n'était pas livrée, il devait payer un dédit de 30.000 francs. Au jour dit, *Les Huguenots* n'étant pas prêts, Meyerbeer dut acquitter les 30.000 francs, ce qu'il fit, mais le procédé l'avait blessé, et il est bien probable que tant que la direction Véron eût continué à l'Opéra, *Les Huguenots* n'y seraient jamais entrés.

Il ne fallut rien moins que le remplacement de Véron par Duponchel pour fléchir la légitime rancune du maître : il rendit alors *Les Huguenots* au nouveau directeur.

La longue direction Duponchel allait débuter par un des plus grands succès de l'Opéra, digne pendant de celui qu'avait remporté *Robert le Diable*.

D'après la mise d'ouvrage appartenant aux archives de l'Opéra, *Les Huguenots* s'appelèrent d'abord *Léonore ou la Saint-Barthélemy*, puis *la Saint-Barthélemy* tout court.

Le livret et la partition eurent à subir bien des changements avant d'atteindre à leur forme définitive.

Au premier acte, les seigneurs jouaient au ballon ; Meyerbeer désirant que le ballon fût reçu juste au point marqué dans la mesure, et ayant reconnu l'impossibilité de cette exigence de mise en scène, on coupa toute cette partie du chœur, dont le manuscrit autographe est conservé aux archives de l'Opéra. De même un monologue et un choral, coupés dans le troisième acte, et exécutés avec un très grand succès, en 1868, dans les salons du maréchal Vaillant, sont aux archives de l'Opéra. Quant à la célèbre scène finale du quatrième acte entre Raoul et Valentine, elle fut complètement transformée, voici dans quelles conditions. Nourrit trouvait inchantable la musique de la première version, et chacun lui donnait raison ; en outre, cette scène était primitivement d'un caractère assez osé pour blesser la susceptibilité de Mlle Falcon, qui fit part à Nourrit de la gêne qu'elle éprouvait en prononçant les paroles de son rôle. Nourrit, cédant aux instances de Cornélie Falcon, s'étant rendu chez l'auteur du livret pour lui présenter les doléances de la chanteuse, Scribe, qui d'abord ne voulait plus rien changer au livret, se laissa convaincre et lui dit alors : « Eh bien ! écrivez cette scène comme vous l'entendrez. » Le chanteur se mit au travail et composa, avec Emile Deschamps, de nouvelles paroles, lesquelles furent aussitôt portées à Meyerbeer. Celui-ci, heureux de satisfaire aux désirs de ses chers et précieux interprètes, s'élança au piano, et dans la fièvre de l'inspiration, composa en moins de trois heures le duo du quatrième acte des *Huguenots* : « Tu l'as dit, oui tu m'aimes », qui, selon l'heureuse expression de Léon Kreutzer, « est une des plus belles hymnes d'amour qu'un compositeur ait arrachées à son âme pour la jeter toute palpitante sur le théâtre ». Cette scène fut écrite dans la soirée du 20 novembre 1835, de onze heures du soir à deux heures du matin.

Après cet effort, Meyerbeer dormit à peine. Au point du jour il frappait à la porte de Nourrit, son duo à la main. « Voyons un peu, dit-il, si vous serez plus content de ce nouvel essai ? » Nourrit prend le papier, fredonne l'air, pousse un cri d'admiration et tombe dans les bras du compositeur. C'est un succès, dit-il, un succès immense! Je vous le promets, je vous le jure! Allez, cher Maître, allez vite préparer l'orchestration! Ne perdez pas une minute, pas une seconde.

Le surlendemain, toute la partie instrumentale était prête, et chaque musicien trouva sur son pupitre le nouveau duo de Raoul et de Valentine.

Une première lecture eut lieu, après quoi on mit ensemble les chanteurs et l'orchestre. Tout à coup, le fameux parapluie, le parapluie inséparable, celui dont Meyerbeer se servait pour marquer la mesure, ne battit plus... Tombé en extase devant ses interprètes, Falcon et

Nourrit, le maître, au comble de l'enthousiasme, ne cessait de crier avec l'accent allemand : « Suplime, suplime, difin », et il fondit en larmes, ce qui arrêta net les chanteurs. « Mais gondinuez, gondinuez donc, c'est barfait », s'écriait Meyerbeer en lançant un violent : « Her Gott sacrament » !

Lorsque le morceau fut complètement exécuté, ce fut alors une autre scène. Des applaudissements frénétiques éclatèrent dans l'orchestre. Habeneck s'élançant par-dessus la rampe rejoignit le maître, Nourrit et Falcon. Tous les musiciens suivirent leur chef, et Meyerbeer fut porté en triomphe sur la scène, au milieu d'acclamations indicibles : Raoul battait des mains, Valentine pleurait. Jamais ovation ne fut plus magnifique et plus spontanée.

Une indisposition de Nourrit retarda l'apparition de l'ouvrage. Enfin, le jour, le grand jour tant attendu, arriva. Représentés pour la première fois le 29 février 1836, *Les Huguenots* remportèrent un immense succès, succès dans lequel la décoration n'entrait pour rien. Ah ! certes, Meyerbeer n'eut pas à s'écrier douloureusement, comme il l'avait fait en voyant l'admirable décoration du troisième acte de *Robert le Diable* (le cloître de Sainte Rosalie) : « Je le vois bien, mon cher Directeur, vous ne comptez pas sur mon opéra, vous courez après un succès de mise en scène. » Cette fois, Duponchel ne s'était pas mis en frais, une partie des décors de *Gus-*

tave III avait été utilisée, le reste était mesquin. Le plaisir des yeux devait se concentrer uniquement sur le jeu des acteurs, lesquels furent aussi admirables à ce point de vue qu'à celui du chant ; pour eux, la soirée fut triomphale.

Au théâtre, comme partout ailleurs, les us et coutumes changent suivant les époques ; ce qui nous paraît le plus naturel du monde passait autrefois pour extraordinaire.

Le soir de la première représentation des *Huguenots*, un petit événement faillit couvrir de ridicule Cornélie Falcon. Un bouquet fut lancé sur la scène aux pieds de Valentine.... C'était le nouveau directeur, Duponchel, qui, voulant introduire à l'Opéra ce genre d'hommages, recommençait ce qu'il avait inauguré pour Taglioni. Les journaux raillèrent ce procédé pouvant constituer une sorte de pavé de l'ours, si le talent déployé par Falcon, véritable vague de fond emportant tout, n'eût heureusement sauvé cette maladresse.

Une autre chose contrista Cornélie Falcon, c'est le fait suivant qui se produisit à la deuxième représentation des *Huguenots* :

Le public, après le quatrième acte, a voulu féliciter Nourrit et Mlle Falcon et leur donner de nouvelles preuves de son enchantement en les appelant sur la scène avant la fin de la pièce, chose sans exemple à l'Opéra. (*La Revue de Paris*).

Ce rappel fut loin de satisfaire Nourrit et Falcon avant tout épris de l'art :

Nous voulons, ma partenaire et moi, disait Nourrit, remplir jusqu'au bout le rôle de nos personnages, et ne redevenir nous-mêmes qu'après la représentation.

Malgré cette noble déclaration, *Le Courrier des Théâtres* n'en posait pas moins la question suivante : « Est-ce que Nourrit et Mlle Falcon reparaîtront toujours après le quatrième acte des *Huguenots* ? Ce serait intolérable!... » Et ce fut non seulement tolérable, mais toléré, car, à chaque représentation, le public ne manqua pas de redemander les deux principaux interprètes de la nouvelle œuvre.

Des innombrables et importantes études consacrées aux *Huguenots* s'élève un chœur de louanges adressées à Falcon et à Nourrit, vraiment inséparables. Nous citerons d'abord Berlioz :

Pour Nourrit et Mlle Falcon, ils ont été admirables : il faut les voir, il faut les entendre dans le fameux duo du quatrième acte, pour se faire une idée de la perfection avec laquelle cette belle scène est rendue. C'est bien la passion, l'amour, le désespoir, la terreur, l'anxiété qu'ils expriment, mais sans cesser d'être nobles dans leurs attitudes, naturels dans leurs gestes et sans que l'expression la plus véhémente ôte rien à la perfection de leur chant. Tous les deux se sont arrêtés juste au point au delà duquel il n'y a plus que la caricature de la passion. (*Revue et Gazette musicale*, dimanche 6 mars 1836.)

Voici, maintenant, comment s'exprime Jules Janin :

Faisons silence et préparez tout ce que vous avez d'amour, de pitié, de terreur et d'émotion ! Le quatrième acte est proche. Après quelques phrases de récitatif, ce quatrième acte commence par un de ces dialogues mesurés que M. Scribe appelle une scène, et qui sert à concerter le massacre de la Saint-Barthélemy. Une foule de belles choses quittées aussitôt que prises, sont éparpillées dans ce dialogue ; mais la véritable musique va s'emparer de la scène à l'arrivée des moines. Une psalmodie d'une monotonie sinistre, coupée dès le début par la plus simple des dissonances, se termine en pédale, pendant que les violons répondent en descendant par groupes de deux notes jusqu'à un pianissimo qui permet à la psalmodie de reprendre le dessus. Cet effet remue profondément par les moyens les plus simples. Bientôt les passions évoquées répondent avec une voix de plus en plus tonnante ; mais à ce propos, le musicien, en homme de génie, s'est bien gardé de faire entendre ces cris de rage que beaucoup d'autres se seraient empressés d'y placer. Il n'a voulu émouvoir que par la solennité de la passion, par le feu sombre du fanatisme politique et religieux, conservant même à cette action exécrable la majesté de l'ouragan. Aussi, du milieu, de cette effroyable tempête qui gronde et éclate dans l'âme des sectaires, n'entendez-vous sortir aucun cri ignoble, aucune mélodie stridente. L'exaltation roule, déborde et mugit comme la mer en courroux, se renouvelant sans cesse en acquérant de nouvelles forces. L'orchestre se soulève, se dresse et va se heurter avec fracas contre les voix, puis retombe pour se relever encore. L'Océan dans ses fureurs n'a pas plus de grandeur et de majesté.

Quelle analyse pourrait-on donner du duo adultère qui suit cette terrible scène ? Ce duo alternativement frénétique de rage et d'amour, plein de langueur et d'exaltation chevaleresque et religieuse, développe une puissance incroyable d'émotions infinies : la Bénédiction des Poignards est oubliée déjà. Jamais Nourrit, jamais Mlle Falcon, emportés par la même tendresse ou soutenus par la même douleur, ne s'étaient élevés à pareille hauteur.

Allez entendre ce quatrième acte. Allez voir les cœurs qui battent et les larmes qui tombent ; soyez témoin de cette admiration qui s'exprime autant pour le moins par l'exclamation que par le silence, et vous comprendrez ce mot qui remue le monde : Succès ! Les noms de Nourrit et de Falcon sont dans toutes les bouches et dans tous les cœurs. C'est pour eux une admiration qui ressemble à de la reconnaissance. (*Le Journal des Débats*, lundi 7 mars 1836.)

Il faut avouer que la situation est des plus dramatiques, mais il fallait Nourrit et Falcon pour en tirer tout l'effet ; et sans la puissance de leur talent, cette belle scène (le duo du 4e acte) aurait été écrasée par le souvenir de la précédente (la Bénédiction des Poignards).

Le quatrième acte des *Huguenots* est loin d'être le seul qui ait impressionné le public ; le troisième, par exemple, fit naître des appréciations comme celle-ci :

Le duo du troisième acte entre Marcel et Valentine, plein de suavité dans l'andante « l'Ingrat d'une mortelle offense », et de passion dans les aveux, a de plus l'avantage d'être dit d'une manière supérieure ; Mlle Falcon surtout, dont le rôle est plus brillant, y met un pathétique auquel il serait difficile de résister. Les plus vifs applaudissements sont la juste récompense de cette belle exécution. (*Le Journal de Paris*, dimanche 6 mars 1836.)

Le cinquième acte produisit également une grande sensation et valut à Falcon d'être hautement louée. Dans le fragment du duo qui sert d'introduction au trio du cinquième acte, notamment, Falcon s'éleva jusqu'au sublime lorsqu'elle dit cette phrase : « Ensemble sur la terre et dans l'éternité. »

Une salle électrisée, frémissante, applaudissant à tout rompre, acclamant de toutes ses forces, de toute son âme les incomparables et inoubliables interprètes d'une œuvre marquant une date dans l'histoire de l'art : tel est le bilan de cette soirée mémorable, si jamais il en fut.

La musique de Meyerbeer ayant été accusée de complication barbare et de non-sens, celui-ci répondit : « Il se peut que ma musique n'ait pas le *sens commun*, c'est qu'elle en a peut-être un autre. »

Quoi qu'il en soit, tous les critiques, à quelque journal qu'ils appartinssent, non contents d'avoir écrit des articles dithyrambiques, revenaient à la charge de la manière suivante :

> Si vous n'avez encore entendu le chef-d'œuvre de Meyerbeer, allez l'entendre ! Et si vous l'avez déjà entendu, allez l'entendre ! Cette prodigieuse exécution des *Huguenots* est maintenant portée à sa perfection, et, chose incroyable, elle est plus parfaite encore que le premier jour ; témoin la représentation de vendredi. (Jules Janin, *Les Débats*, lundi 28 mars 1836.)

Et, en effet, cette année-là, une notable partie de la société parisienne retarda son départ pour la campagne afin d'entendre, ou de réentendre l'ouvrage célèbre, si bien que l'Académie royale de musique encaissa des recettes comme on n'en vit jamais. Suivant l'expression amusante d'un directeur de théâtre fameux, l'Opéra fit alors « plus que le maximum » (11.648 francs 40 centimes à la 16e représentation, chiffre invraisemblable pour l'époque).

On a raconté qu'à l'une des représentations des *Huguenots*, la Malibran, enthousiasmée par le duo du 4e acte, serait montée sur la scène et que, sous l'empire de la violente émotion qu'elle venait de ressentir, elle se serait précipitée au cou de Cornélie Falcon et l'aurait embrassée avec effusion au milieu des applaudissements prolongés d'un public également séduit et troublé par la spontanéité de cette scène et de ce joli geste. Cela est possible ; mais ce qui est certain, c'est que la Malibran fut une des grandes admiratrices de Falcon.

Les Huguenots marquent, pour Cornélie Falcon, le point culminant de sa carrière. Admirée, respectée, choyée par Rossini et Meyerbeer, elle est recherchée des autres compositeurs, qui tous aspirent à l'avoir pour interprète. Artiste préférée du public de l'Opéra, son nom est à présent célèbre dans le monde entier. De tous côtés elle est sollicitée par les directeurs des théâtres de province pour venir chanter les deux rôles auxquels elle a imprimé la marque de sa puissante personnalité : Rachel et Valentine. Sa situation financière marche parallèlement avec le développement de sa renommée : entrée à l'Opéra au taux de 3.000 francs, elle voit ses appointements annuels portés aussitôt après son premier début à 8.000 francs, puis à 10.000 l'année suivante. Enfin, elle avait signé avec la direction Véron un engagement, du 1er juin 1834 au 31 mai 1837, dans lequel étaient stipulées les conditions suivantes : 25.000 francs et 40 francs de feux au 1er juin 1835 ; 25.000 francs et 50 francs de feux au 1er juin 1836 ; un mois de congé pendant la deuxième et la troisième année.

A l'expiration de ce contrat, Cornélie Falcon signait, cette fois avec la direction Duponchel, un nouvel engagement à des conditions plus avantageuses encore : du 31 mai 1837 au 31 mai 1840, 30.000 francs par an, 10 feux assurés par mois, sauf le cas de refus par elle, 200 francs de feux seulement au 1er juin 1838, 300 francs ensuite. Congé de deux mois pour la première et la troisième année, congé de 3 mois pour la deuxième année. Elle fut alors la chanteuse la plus payée de l'Opéra.

Etant donné les clauses de ce dernier engagement, il apparaît que Cornélie Falcon ait eu des projets de grands ou de nombreux voyages pour l'année 1838-1839, puisqu'elle avait tenu à se réserver *trois mois de congé* ; en tout cas, c'est en vertu de son congé régulier qu'elle put répondre favorablement aux instances de la direction du théâtre de Bordeaux, où elle se rendit le 1er juin 1836.

D'après la lettre dont nous donnons le fac-similé, il est probable qu'elle alla aussi à Toulouse :

A Monsieur Duval, directeur breveté du théâtre de Toulouse.

Bordeaux, 12 juin 1836.

J'aurais répondu plus tôt à la demande que vous m'avez fait l'honneur de m'adresser; mais ce n'était qu'après quelques représentations que je pourrais savoir le terme fixé pour mon séjour ici d'après l'accueil que j'ai reçu. Je pense qu'il me sera difficile d'abréger le nombre de mes représentations qui seront de six ou de douze. Je ne suis encore qu'à la quatrième; d'ici huit jours, je saurai positivement à quoi m'en tenir, et ce ne sera que dans le cas où j'aurais quelque jour à la disposition de la direction de Toulouse que je vous écrirai pour vous l'annoncer.

Veuillez agréer, avec mes remerciements, Monsieur, l'assurance de ma parfaite considération.

Cornélie FALCON.

Bien que touchant de gros cachets pour l'époque, puisqu'elle recevait, parait-il, quinze cents francs pour chacune de ces représentations, et en admettant que Falcon ait chanté quinze fois pendant le mois de juin 1836 cela eût fait vingt-deux mille cinq cents francs, et non soixante mille, comme on l'a dit.

Les répétitions de *La Esmeralda* commencèrent dès le retour de Cornélie Falcon à Paris.

Les polémiques que *La Esmeralda* fit naître tiennent à des causes en dehors de l'ouvrage lui-même, lequel ne valait ni l'excès d'honneur ni l'excès d'horreur qu'on lui témoigna. L'auteur de la musique, Mlle Louise Bertin, fille du directeur du *Journal des Débats*, était également douée pour la peinture et pour la musique, mais pensait, hélas ! qu'une œuvre quelconque peut être produite sans une étude approfondie des règles de l'art qu'on veut pratiquer. C'est en appliquant de tels principes qu'elle écrivit plusieurs petites pièces données au théâtre Feydeau et, enfin, *La Esmeralda*, représentée à l'Académie royale de musique le lundi 14 novembre 1836.

Placé à côté des ouvrages des maîtres, l'opéra de Mlle Bertin ne pouvait soutenir aucune comparaison : ce fut un insuccès malgré une distribution hors de pair.

Falcon, plus belle, plus séduisante que jamais, à la fois touchante, dramatique et passionnée, réalisa la Esméralda rêvée par Victor Hugo. Ses irréductibles détracteurs, ne pouvant attaquer son chant ni son interprétation, s'en prirent au costume qu'elle portait, qu'elle subissait sans doute, car, d'ordinaire, les artistes ne choisissent pas leurs habits de théâtre : ce sont les auteurs et la direction qui les décident et veillent à leur exécution. Ce qui suit est donc une méchanceté gratuite :

Nous ferons à Mlle Falcon un reproche assez grave selon nous ; elle ne paraît pas avoir songé un moment qu'elle avait à représenter une bohémienne, danseuse et sauteuse ; elle s'est vêtue d'une longue robe presque traînante, qui est un formel contresens, et rien d'ailleurs dans son costume n'est convenable à son rôle et en rapport avec lui.

Berlioz, chargé de diriger les répétitions de *La Esmeralda*, fut indulgent pour cette œuvre ; quant à Jules Janin, critique des *Débats*, son article est un modèle de tact.

Le jour de la première, l'affiche portait : « Les bureaux ne seront pas ouverts. » La salle, archi-comble, avait été habilement *faite*, ce qui justifie cette phrase extraite du *Figaro* : « L'ouvrage a trouvé bon accueil aux yeux d'un public qui n'est peut-être pas tout à fait le public. » Quels qu'aient été les soins employés à la confection de la salle, cela n'empêcha pas un certain nombre d'*ennemis* de s'y glisser. L'un d'eux, un militant, provoqua la scène comico-tragique que voici :

Un incident a égayé le dénouement ; M. Paul Fouché applaudissait avec une telle frénésie que quelques *amis* du parterre ont pris ses démonstrations pour une bruyante ironie et se sont emportés contre lui au point de demander sa tête.

Malgré tous les efforts employés, la pièce, même scindée, n'eut qu'un nombre très restreint de représentations.

***

Louis Niedermeyer, auteur de la musique de *Stradella*, était un compositeur fin, délicat, distingué, mais auquel il manquait la puissance nécessaire pour traduire les grandes émotions. Les auteurs du livret, Scribe, Deschamps et Pacini, comprenant que Niedermeyer, s'il avait la note tendre, était totalement dépourvu de sens dramatique, confectionnèrent un dénouement contraire à la version, vraie sans doute, donnée par Bourdelot ; au lieu de la fin tragique de Stradella et Léonor assassinés, la pièce se termine heureusement : les deux héros convolent en justes noces. Malgré ce croc-en-jambe donné à l'histoire, c'est justement le sens des fortes situations qui fit défaut à *Stradella,* opéra en quatre actes, représenté pour la première fois à l'Académie royale de musique le 3 mars 1837

La dernière répétition de cet ouvrage a fourni à Alphonse Karr l'occasion de tracer un tableau montrant à quel point la physionomie des « générales » était, jadis, différente de celle d'à présent. De nos jours, la direction de l'Opéra apporte tous ses soins à ce qu'une répétition générale soit aussi parfaite que la « première »; autrefois, on s'attachait au contraire à ce que celle-ci affectât un ton familier, une allure d'intimité, sujets d'enchantements pour le public d'alors. C'était l'époque où ceux qui s'occupaient d'art ou de littérature *devaient* avoir le « physique de l'emploi » ; pour cela, il était à peu près indispensable qu'ils portassent le costume idoine au « rapin », tenue volontairement négligée. C'est probablement cette mentalité qu'on transportait au théâtre.

STRADELLA (Scène du 2ᵉ acte)

ADOLPHE NOURRIT et CORNÉLIE FALCON

Lithographie

(Bibliothèque de l'Opéra)

Les habitués de l'Opéra et du Théâtre Italien sont fort curieux de répétitions générales. Si l'on songeait cependant que le public de ces soirées est exactement le même que celui des premières représentations, on finirait par rendre leur nom aux choses et appeler simplement la *dernière* répétition, première représentation. La différence existe à peine dans la recette, car il y a presque autant de places données à l'une qu'à l'autre. Seulement, pour procurer aux gens un peu d'illusion, on donne à cette salle pleine l'air le plus confidentiel et le plus intime possible. On se garde bien de faire descendre le lustre. On préfère établir une ligne de lampions sur une traverse élevée au milieu de la salle, ce qui probablement cause beaucoup plus de peine et de dépense ; on a soin de pas allumer les girandoles, dont on remplace la lumière par plusieurs quinquets vulgaires ; on tient à ne pas placer toutes les parties des décorations, afin que le public ait le bonheur d'entrevoir quelques portants de coulisse et quelques toiles retournées et bariolées de vieilles affiches. Les acteurs seraient bien fâchés de paraître en costume, malgré l'avantage qu'il y aurait à les essayer à la dernière répétition ; ils savent trop que toute la poésie de la répétition serait perdue s'ils n'affectaient beaucoup plus de *négligé* qu'aux répétitions ordinaires. Les actrices choisissent leurs châles ou leurs manteaux les plus usés, des capotes déformées ou des bonnets sales ; elles seraient bien fâchées de déposer dans leurs loges leurs parapluies, leurs socques ou leurs cabas ; tout cela est nécessaire à l'effet de la chose. Les acteurs viennent avec d'affreuses redingotes à la propriétaire, des carricks, des cols de crinoline Oudinot (garantis cinq ans de durée) ; ils font en sorte que leurs bottes soient crottées, s'offrent du tabac pendant un trio héroïque ou se mouchent en *ré* majeur au milieu d'une cavatine ; ils saluent leurs amis dans la salle et établissent des conversations du premier plan de la scène aux secondes de face : « Comment vous portez-vous ? Très bien, et Madame ? — Elle tousse toujours un peu. — Ah !

c'est comme moi, je sors d'avoir la grippe ; voilà dix-huit jours que cela m'a pris. — Il faut vous tenir bien chaudement, etc. » Le public est enthousiasmé d'avoir entendu parler comme une personne naturelle l'acteur dont il n'a jamais ouï que le chant ; de sorte que bien des gens avaient peine à s'imaginer qu'il parlât dans la vie ordinaire autrement qu'en récitatif.

Dix-huit cents personnes ont joui hier de toutes ces émotions, au milieu d'une demi-obscurité qui donnait lieu à de méchants bruits touchant quelques intérieurs de loges. (*Le Figaro*, vendredi 3 mars 1837.)

Dans l'honorable partition écrite par Niedermeyer, si le rôle du célèbre chanteur napolitain était important et bien senti, il manquait à celui de son amante, Léonor, les accents, les élans de passion que Cornélie Falcon excellait à exprimer ; c'est précisément ce rôle, peu considérable et en somme inintéressant, qui lui était dévolu. Berlioz, rendant compte de *Stradella*, ne manqua pas de le déplorer en ces termes :

Mlle Falcon est toujours la chanteuse énergique par excellence ; on a regretté seulement que son personnage fût aussi souvent passif, et que l'action n'ait pas fait aux développements réels de son beau talent une assez large part. (*Le Journal des Débats*, 5 mars 1837).

A la première représentation de *Stradella*, rien ne faisait pressentir une défaillance vocale possible chez Falcon ; son organe parut être aussi beau, aussi puissant qu'à l'ordinaire, puisqu'on put dire : « Mlle Falcon chante son air avec une aisance admirable, et sa voix y domine l'orchestre sans le moindre effort » (*Revue et Gazette musicale*). Cependant, les nuages s'amoncelaient, déjà grondait l'orage.

Si le drame n'était pas imparti au rôle de Léonor, il résidait dans l'âme de l'interprète où il se jouait affreusement. Drame terrible, calvaire au sommet duquel allait sombrer le talent d'une artiste admirable. C'est en effet dans *Stradella* que le mal de gorge dont souffrait depuis quelque temps Cornélie Falcon se manifesta pour la première fois en public. *Le Courrier des Théâtres,* feuille relatant jour par jour les événements qui se produisaient à l'Opéra, va nous renseigner sur celui-ci :

Hier, à la seconde représentation de *Stradella,* le premier acte cheminait, quand, tout à coup, Mlle Falcon s'est sentie saisie d'un malaise qui l'a fait évanouir. Nourrit a dû l'emporter dans cet état. Le théâtre a proposé aux spectateurs soit de reprendre le prix des billets, soit de recevoir des contremarques pour la seconde représentation de *Stradella.* Les uns et les autres ont accepté chacune de ces deux propositions et la salle a été évacuée. (Mardi 7 mars 1837.)

Voilà ce qui s'était passé. A la scène du balcon, après que Stradella eut posé à son amante la question : « Demain nous partirons, voulez-vous ? », Léonor ne put proférer sa réponse : « Je suis prête » ; subitement elle était devenue aphone.

Le 8 mars *Le Courrier des Théâtres* ajoutait ceci à son information de la veille :

> Il y a lieu de penser que l'indispositon de Mlle Falcon, causée surtout par un enrouement, n'aura pas de suites désagréables pour *Stradella*. En arrivant, avant-hier, au théâtre, cette chanteuse éprouvait déjà une mauvaise disposition. Le public en fut averti par une annonce. Mais à peine sur la scène, Mlle Falcon sentit les larmes la suffoquer et elle n'eut que le temps de se retirer. Hier, elle était mieux. *Stradella* va revenir.

Ces deux versions du même fait diffèrent un peu. Quoi qu'il en soit, que Nourrit ait dû emporter Falcon évanouie, ou que Cornélie Falcon, suffoquée par les larmes, ait pu quitter la scène, il n'en est pas moins vrai que la représentation dut être interrompue et reportée. Chaque jour, on espère qu'elle aura lieu : « Stradella attend sa seconde représentation de la santé de Mlle Falcon. » (Vendredi 10 mars.) Le 11 mars, *Le Courrier des Théâtres* est en mesure d'annoncer : « La seconde représentation de *Stradella* sera, très probablement, donnée lundi prochain. On assure que le rhume de Léonor y consent », et le dimanche 12 mars : « Il y a toujours lieu de croire que *Stradella* sera représenté demain. » Effectivement, la seconde de cet ouvrage eut lieu le lundi 13 mars, ainsi que le prouve l'affiche et cette note du mardi 14 mars : « Enfin, *Stradella* a reparu hier et a effectué sa seconde représentation avec bonheur. »

Cette fois, l'accident n'eut pas de suites apparentes : le mal s'était tapi. Cornélie Falcon put continuer son service à l'Opéra. Successivement, elle chante le 17 mars, à la troisième de *Stradella* ; le lundi 20 mars, *Les Huguenots* ; Le 22, *La Juive* ; le 26, la quatrième de *Stradella* ; le 5e acte de *Robert le Diable* le lundi 27, à la représentation donnée au bénéfice de Levasseur ; enfin, les trois derniers actes des *Huguenots*, le samedi 1er avril, à la représentation d'adieux de Nourrit.

Profitant de son congé annuel, Falcon chante aussi à Rouen pendant le mois d'avril, puis revient à Paris où l'affiche de l'Opéra pour le spectacle du 15 mai 1837 porte : *Les Huguenots.* « Mlle Falcon fera sa rentrée par le rôle de Valentine ». A partir de cette date, l'activité de Cornélie Falcon ne se ralentit pas : elle chante la plupart des pièces de son répertoire, principalement *Les Huguenots* et *Stradella*, cela jusqu'au moment où une note nous apprend que : « Hier (vendredi 18 août 1837), Mlle Falcon a joué pour la dernière fois, attendu qu'elle prend son congé. Une vitre de moins à la fenêtre de l'Opéra. »

Elle visite alors différentes villes de France, notamment Lyon où « le début de Mlle Falcon a dû s'opérer le 23 (août) au Grand-Théâtre de Lyon. Nourrit était là pour recevoir la chanteuse à laquelle ses avis n'ont pas été nuisibles », puis revient à Paris et se rend à Compiègne où « les deux premiers actes de *Don Juan* ont été joués, hier, à Compiègne (jeudi 28 septembre 1837). Mlle Falcon, de retour de son voyage dans le midi, a fait partie de la représentation ». Enfin, le 6 octobre 1837, elle chante *Les Huguenots* : « Mlle Falcon, est rentrée, hier, à la fin de son congé, par le rôle de Valentine, dans *Les Huguenots* »... « Les personnes qui n'ont pas entendu l'annonce faite, avant-hier, à la rentrée de Mlle Falcon, ne se seraient point aperçues du malaise de cette actrice, si leurs voisins ne les en eussent informées » (*Le Courrier des Théâtres*, dimanche 8 octobre 1837.)

Malgré cette obligeante note, il est certain que Cornélie Falcon n'était pas, ce soir-là, en possession de ses moyens vocaux ; elle fut mal reçue des claquetins, qui *avaient le mot*, et aussi par le public dont l'accueil fut si froid qu'un rédacteur de *La Revue des Deux Mondes* put dire :

> Cette vibration cristalline, ce timbre d'or qui l'aidaient si merveilleusement à s'élever au-dessus de toutes les autres, il eût été de bon goût de l'encourager par quelques applaudissements donnés, non à l'heure présente, du moins aux services rendus dans le passé. Il est à souhaiter que la jeune cantatrice trouve dans le repos et l'éloignement de la scène cet organe limpide, égal, harmonieux et qui lui a si cruellement fait défaut l'autre soir.

Nonobstant cet échec, Falcon chante encore deux fois, le dimanche 15 octobre (par extraordinaire) *Les Huguenots*, et le lundi 23 octobre *La Juive*. A partir de ce moment, le nom de Falcon n'apparaîtra plus qu'une fois sur les affiches de l'Opéra ; lentement le mal destructeur accomplit son œuvre !

Le lundi 4 décembre 1836, *Le Courrier des Théâtres* publiait l'avis suivant :

C'est une indisposition de la voix qui tient Mlle Falcon éloignée de la scène. On prétend que le mal offre cette singularité que jusque vers trois heures de l'après-midi, cette chanteuse a toute la disposition de ses moyens et qu'alors, sa voix se prend d'une gêne qui lui en interdit absolument l'usage. Un pareil accident ne saurait être que passager.

De son côté, Théophile Gautier narrait le même événement funeste d'une façon qui fait peu d'honneur à sa sensibilité ; il plaisante et persifle, alors que la commisération eût été de bon ton :

Mlle Falcon va partir pour l'Italie, où Duprez a trouvé son fameux *ut* ; elle veut essayer si l'air tiède et balsamique de ce mélodieux pays lui rendra sa voix perdue. On raconte de Mlle Falcon des choses aussi fantastiques et aussi singulières que l'histoire de Bettina dans le conte du *Sanctus* d'Hoffmann : Mlle Falcon jouit de toute la plénitude de sa voix pendant la journée ; à cinq heures, la voix s'envole ; elle ne peut plus que parler ; la première lueur du jour lui ramène toutes ses notes pures, nettes, vibrantes, admirables, comme à ses plus triomphantes soirées. A quelle maligne influence, à quel mauvais œil, à quel charme cabalistique peut-on attribuer cet enrouement subit qui vient serrer la gorge de la belle chanteuse, à cinq heures précises ? M. Duponchel est au désespoir et ne sait où donner de la tête ; il pense, dit-on, à donner des opéras diurnes, puisque Mlle Falcon, sa première chanteuse, n'a de voix que pendant le jour. Espérons que quelques gorgées de l'air de Naples feront cesser le sortilège. (*Histoire de l'art dramatique en France.*)

La vérité est que, comme l'a dit Ch. de Boigne :

La touchante Rachel, la dramatique Valentine, était atteinte d'une de ces maladies trop réelles qui n'ont rien de commun avec les engelures de la danse.

A cette époque, le suprême remède pour combattre une indisposition de la voix était le changement de climat. Le docteur Guise, médecin de l'Opéra, consulté par Cornélie Falcon, émit l'avis que l'air de l'Italie était de nature à amener une guérison paraissant alors possible.

Dès le 1er janvier 1838, les journaux annonçaient le très prochain départ de Mlle Falcon ; cependant, le 15 janvier, elle reparaissait dans *Les Huguenots* ; mais, d'après Castil-Blaze, cette représentation lui fit éprouver une si grande fatigue que la nécessité du départ s'imposa avec force. Enfin, le 13 février 1838, « Mlle Falcon était partie » au pays du soleil : elle s'était rendue à Naples.

Après un séjour de six mois environ au bord du golfe merveilleux, Cornélie Falcon revint à Paris, se flattant de pouvoir recommencer à chanter comme auparavant ; il n'en fut rien. Non seulement elle ne reprit pas les rôles de son répertoire, mais encore elle dut renoncer aux créations qui lui étaient destinées : dans *Les Martyrs* et dans *Guido e Ginevra*, Mme Dorus-Gras remplaça Cornélie Falcon. Voyons ce que dit à ce sujet Charles de Boigne :

Quelques esprits superstitieux et cabalistes avaient d'avance mal auguré des destinées de la nouvelle œuvre d'Halévy : *Guido e Ginevra.* C'est un ouvrage, disaient-ils, né sous une mauvaise étoile, baptisé sous un double et fatal nom, commençant par une double et fatale lettre, la lettre G ; c'est un ouvrage qui aura non seulement du guignon, mais un double guignon, ainsi le veulent les noms de Guido et Ginevra, qui tous les deux commencent par un G.

Sans attacher la même importance à ce double G, à ce double guignon, il faut avouer qu'un mauvais génie avait présidé à la naissance de *Guido e Ginevra.* D'abord, c'est Mlle Falcon qui doit créer le rôle de Ginevra, et c'est Mme Gras, qui le crée ! Gras.... encore un G ! Certes, je professe une profonde estime pour les qualités privées, domestiques et même artistiques de Mme Gras ; je ne lui impute nullement à crime son goût forcené pour le veau ; je la proclame une chanteuse de mérite, d'ordre et d'économie ; mais entre Mlle Falcon et Mme Gras, il y a plus que l'épaisseur d'un veau. Mme Gras chante comme un instrument joue, Mlle Falcon chantait avec son âme autant qu'avec sa voix ; et cette pauvre *Ginevra* se repentit toute sa vie, sa courte vie, d'être passée d'une âme à un instrument.

Et c'est cette chanteuse, bénéficiant de la situation imprévue à elle faite par le seul retrait de Cornélie Falcon, qui incita ses partisans à se conduire indignement vis-à-vis de la victime du plus affreux destin qui se puisse concevoir.

Le Courrier des Théâtres fut particulièrement méchant. Alors que la malheureuse Falcon souffrait mort et passion en assistant à la lente destruction de sa puissance artistique, il s'acharna sur elle, la plus noble des artistes, et commit ainsi une action abominable qu'on ne saurait trop stigmatiser.

Voici les paroles amènes dont on se servait pour verser le fiel de la haine :

Encore la voix de Mlle Falcon !.... C'est un thème auquel on revient périodiquement comme sur une chose importante pour l'équilibre européen. Cependant, il paraît qu'il y a absence de l'objet dont on s'occupe. Mais, à défaut de la voix, on parle de la nécessité d'une rentrée, fondée sur ce que l'engagement de Mlle Falcon doit expirer ce mois-ci et que si la chanteuse ne reparaît pas, ledit contrat se trouvera rompu. Voilà une singulière raison ! Nous aurions pensé que Mlle Falcon rentrerait parce que sa voix serait revenue, mais point du tout ! Elle rentrera parce que son engagement va finir ! .... C'est donc la feuille d'émargement qui la jugera ! Pourquoi ce morceau de papier ne jouerait-il pas les rôles ? Vraiment, à la place du public parisien, un autre se fâcherait d'être pris ainsi pour un imbécile.

Mlle Falcon cherche toujours sa voix. Ces jours derniers, elle est parvenue à donner le *sol*, et même, en poussant un peu, elle est quelquefois arrivée au *sol dièze*... mais l'absence du *la*, du *si* et de l'*ut* se prolonge. Par malheur, c'est dans ces trois notes que se trouvent les appointements de quarante, cinquante et soixante mille francs. Qu'Apollon les lui rende ! (*Le Courrier des Théâtres*, 5 et 20 novembre 1838.)

Les mirifiques appointements, si obligeamment attribués, ici, à trois notes de la voix de Cornélie Falcon sont naturellement de pure invention, Voici, d'après un des registres d'émargement conservé aux archives de l'Opéra, les termes du dernier engagement de Cornélie Falcon : « Du 31 mai 1837 au 31 mai 1840, 30.000 francs (2.500 francs par mois), 10 feux assurés par mois, sauf le cas de refus par elle, 200 francs de feux seulement au 1er juin 1838, 300 francs ensuite. Congé de deux mois pour la première et troisième année, congé de 3 mois pour la deuxième année. »

Il n'est pas jusqu'à sa sœur qui n'ait servi de prétexte à l'*Ane* pour donner un coup de pied au *Lion expirant* :

> Mlle Falcon a une sœur qui veut jouer la comédie. Elle vient de réciter le rôle de Marianne dans *Tartufe*, à la salle Chantereine. Encore une voix perdue ! (*Le Courrier des Théâtres*, 15 novembre 1838.)

La sœur en question était Jenny Falcon, dont les débuts eurent lieu avec succès au Gymnase dramatique, dans une comédie de Scribe : *La Grand'Mère.*

Au commencement de l'année 1839, un grand chagrin vint s'ajouter à la détresse morale dans laquelle était plongée Cornélie Falcon. Son maître éminent et vénéré, Adolphe Nourrit, le chanteur, l'artiste incomparable, en proie à un violent délire, s'était suicidé à Naples le 8 mars 1839. Voici comment, dans son beau langage,

Hector Berlioz, accessible aux émotions du cœur comme aux impressions de l'esprit, relate la présence de Cornélie Falcon aux funérailles de Nourrit :

Dès longtemps retirée du monde, Mlle Falcon ne se montrait plus aux théâtres ni dans les concerts. Depuis sa dernière apparition dans *les Huguenots*, je ne l'avais aperçue qu'une seule fois. Un soin pieux l'avait arrachée à sa retraite. L'église Saint-Roch était tendue de noir; une foule immense et douloureusement émue entourait un cercueil; on priait pour Nourrit qui n'avait pas su vivre ; une jeune femme en deuil, cachée dans un coin de la nef, laissait échapper de pénibles sanglots ; cette artiste, qui savait ne pas mourir, malgré un malheur plus grand et plus inattendu que celui qui frappa son émule, c'était Mlle Falcon. (*Les Débats*, 17 mars 1840.)

Voulant, par tous les moyens possibles, tenter de reconquérir ses possibilités vocales, et confiante, malgré tout, dans les bienfaits du climat italien, Falcon se décida à faire un nouveau séjour à Naples ; pourtant, elle était encore à Paris en mai 1839, ainsi qu'il appert de cette note :

Par suite de la rupture de Mlle Falcon avec l'Opéra, une représentation est accordée au bénéfice de cette cantatrice. On croit que cette soirée aura lieu incessamment à cause du départ de Mlle Falcon pour l'étranger. (*La Revue musicale*, jeudi 30 mai 1839.)

Le départ de Cornélie Falcon eut donc lieu seulement au cours du mois de juin.

La maladie vocale de Mlle Falcon avait excité les plus vives sympathies, d'autant plus vives que la jeune et célèbre artiste n'avait pas été remplacée. De temps en temps, un mot, une espérance jetés dans un journal venaient réveiller l'intérêt et ranimer le souvenir qui s'attachaient à son nom. On parlait de moyens nouveaux, singuliers, qui déjà avaient produit les plus heureux résultats et qui devaient en opérer de plus miraculeux encore. On parlait d'une cloche, d'un dôme de verre sous lequel Mlle Falcon retrouvait toute sa voix, tous ses moyens (la cloche Taburié) ; mais aussitôt la cloche enlevée, la voix disparaissait, les moyens s'évanouissaient. Cependant, l'artiste ne perdait pas courage, elle attendait sa guérison du temps et de la Faculté ; elle se flattait qu'elle finirait par chanter, avec ou sans cloche. Ses amis, elle en avait beaucoup — partageaient ses espérances, et quand on annonça une représentation à son bénéfice, représentation dans laquelle elle devait chanter le second acte de *la Juive* et le quatrième acte des *Huguenots*, grande fut la joie parmi ses partisans. On crut à un miracle, à une résurrection. Enfin, *Rachel* parut. La salle, transportée, n'avait ni assez de mains, ni assez de bravos pour la saluer, l'acclamer, la glorifier. L'illusion ne fut pas de longue durée : *Rachel* avait à peine ouvert la bouche que déjà l'on avait reconnu que le temps des prodiges était passé. Quelques notes par hasard, sortaient encore pures, éclatantes de ce gosier déshérité ; mais les autres ! les autres ! elles s'échappaient voilées, étouffées, éraillées. Cette représentation, qui devait être une fête de famille destinée à célébrer *le retour de la voix prodigue*, se changea en une soirée de deuil, où deux mille personnes constatèrent avec douleur la perte irréparable que l'art avait faite.

D'abord ferme et calme, Mlle Falcon avait assisté sans faiblir au spectacle de sa propre agonie ; mais bientôt, l'émotion générale la gagna, ses larmes se firent jour, et son désespoir éclata en sanglots convulsifs, que redoublèrent encore les applaudissements, dernier hommage à un beau talent qui n'était plus. Penchée sur l'épaule de Duprez elle resta quelques instants abîmée dans sa douleur ; puis le courage reprit le dessus, et elle voulut continuer son rôle ; elle le continua. *Rachel* accomplit sa pénible tâche, mais *Valentine* avait encore à boire le calice jusqu'à la lie.

N'avez-vous pas remarqué que parfois, dans certaines exhibitions de *tours de force*, de *sauts périlleux à pied ou à cheval*, le public, ordinairement si avide d'émotions, se met tout à coup à trembler sérieusement pour la vie de ces clowns intrépides, et leur crie *assez*. Assez, assez, c'est le cri que la salle tout entière de l'Opéra, s'associant à cette immense douleur, eût voulu pousser, et qu'elle retint dans la crainte de blesser à mort *Valentine*, lorsqu'elle reparut au quatrième acte des *Huguenots*. *Valentine* ne retrouva pas les accents que *Rachel* avait perdus, et les *Huguenots* se traînèrent péniblement entre le râle de *Valentine* et les bravos arrachés par la vue d'une si grande infortune.

C'en était fait, Mlle Falcon était perdue pour l'Opéra.

Est-il au monde un spectacle, un drame plus affreux que celui auquel vient de nous faire assister l'auteur des *Petits Mémoires de l'Opéra*, Charles de Boigne ?

Cette fatale soirée, qui se déroula le samedi 14 mars 1840, fit naître d'admirables articles dans lesquels l'humaine pitié prit son libre essor. Berlioz, toujours en tête d'un mouvement quel qu'il fût en faveur d'une noble cause, exhala sa sympathie en termes pathétiques (*Les Débats*, mardi 17 mars 1840). Nous contentant de citer *Le Voleur* du 20 mars 1840, *Le Figaro* et même *Le Courrier des Théâtres*, qui n'ayant pas désarmé jusque là, mais se rendant compte alors que Falcon n'était plus redoutable pour personne, fit entendre des lamentations sur la perte que venait de faire l'Académie royale de musique, nous transcrirons un article paru dans *La Revue et Gazette musicale* du jeudi 19 mars 1840, sous la signature de A. Specht, article qui corrobore le récit de Charles de Boigne :

Depuis plus de deux ans, l'Opéra devait une représentation à bénéfice à Mlle Falcon. C'était une de ces dettes sur lesquelles personne ne saurait contester. L'administration, quelque ingratitude qu'on puisse lui imputer, par cela seul qu'elle est administration et ne connaît que les services présents et les talents présents qui peuvent lui rendre des services, l'administration était trop redevable à Mlle Falcon pour ne pas s'empresser de mettre à sa disposition tous les moyens de rendre ce bénéfice fructueux. Mlle Falcon a concouru pour sa bonne part à conquérir à l'Opéra cette popularité qu'il n'avait jamais eue, et dont nous le voyons encore en possession aujourd'hui. Elle a porté dans le drame musical un élément tragique qu'on peut dire à elle, car cet élément était complètement épuré de cet alliage de cris et de spasmes anti-harmoniques dont les anciens chanteurs dramatiques usaient pour défigurer à plaisir les inspirations des compositeurs les plus célèbres. Trop bien douée pour ne pas dédaigner ce barbare et trivial charlatanisme, elle a cherché tous ses moyens d'effets dans un chant profondément accentué et aussi pur que peut le permettre le genre, dans la vérité d'expression du sentiment intime, dans cette énergie sympathique qui émeut bien plus que les violences mensongères; enfin jamais elle ne perdit de vue le charme de la beauté plastique dont elle possède le sentiment au plus haut degré, et dont, par un rare privilège, elle a toujours pu revêtir son action dramatique et musicale. L'administration hésitait d'autant moins qu'elle devait espérer revoir Mlle Falcon à la tête des artistes qui soutiennent l'entreprise. Pour le public, il était tout à la grande artiste, dont il déplore l'absence, attendant qu'on lui demandât un témoignage de sa satisfaction, prêt à le lui donner sans conditions aucunes, et s'impatientant qu'on tardât si longtemps. Pour elle, son impatience s'étendait à tout, au besoin de revoir ce public qui l'oublierait peut-être, ce théâtre qui pourrait trop tôt méconnaître et nier sa souveraineté, surtout à cette ardeur d'émotion dramatique, à cette fièvre harmonieuse, si douce, si vivifiante pour le véritable interprète de la poésie de l'art, enfin à cette voix mélodieuse, source première et compagne fidèle de ses succès. Longtemps, trop longtemps pour elle et pour nous, tous ses efforts ont tendu vers ce retour désiré, qui s'est effectué samedi dernier. Soit que Mlle Falcon ne fût point assez préparée, soit plutôt que l'excès de préoccupation et de soins méticuleux ait énervé en elle une de ces natures vigoureuses qui ont besoin, pour se soutenir, d'une lutte réelle et de tous les jours avec l'esprit de l'art, le succès n'a point répondu à cet espoir et à ce désir universels.

A son entrée en scène, au premier acte de *La Juive*, la jeune artiste, aussi belle que jamais, saluée par les applaudissements les plus attendrissants qui puissent troubler la sensibilité, a débordé en violents sanglots, puis, elle est tombée sans connaissance dans les bras de Duprez. Il était facile de prévoir la portée de ce premier coup frappé sur une organisation aussi impressionnable. Mlle Falcon n'a pu, de toute la soirée, retrouver assez de sang-froid pour reprendre tous ses moyens, et ses efforts pour dominer son émotion n'ont fait qu'augmenter cette émotion et l'impuissance passagère qui s'est emparée d'une partie de son organe. Il lui était pourtant impossible de ne pas réveiller quelques-unes de ces inspirations puissantes qui lui sont naturelles, et l'assemblée unanime a profité de ces heureux moments pour adresser

CORNÉLIE FALCON

Aquarelle de MOREL (1839)

(Musée de l'Opéra)

à la pauvre artiste désolée des encouragements et des consolations qu'elle semblait se refuser à entendre. Les spectateurs remplissant jusqu'au bout cette touchante mission, ont fait relever le rideau après le spectacle pour honorer Mlle Falcon par une pluie de fleurs et de couronnes.

Un moment viendra où ces témoignages d'intérêt se renouvelleront à la satisfaction réciproque du public et de l'artiste.

. . . .
. . . .

Cornélie Falcon a gravi pas à pas son calvaire ; maintenant, la voici crucifiée, elle peut à présent s'écrier : *Consummatum est* :... tout est consommé !

Réjouissez-vous, envieux, la voilà gisante, inanimée ! L'Alouette qui chantait au matin en s'élevant vers l'astre de feu et de lumière, l'Hirondelle qui planait au zénith, le Rossignol dont les lamentations allaient vers Tanit durant les pures nuits : Philomèle et Progné sont dorénavant silencieuses ! Vous triomphez, noirs crapauds !

Ainsi, brisée cette voix chaude, pénétrante et puissante qui provoqua l'enthousiasme ; finie cette interprétation dont la puissance fit passer tant de frissons inconnus dans l'âme des auditeurs. Cette reine dont l'empire était la première scène lyrique du monde, la voilà déchue... elle a perdu son empire.

Que va-t-elle faire après ce désastre ?

Comme Napoléon, elle sera aussi grande dans l'adversité qu'elle le fut aux heures du triomphe. Elle trouvera en son cœur des élans qui pour être moins extériorisés pour la foule n'en seront que plus précieux et plus chers au petit nombre de ceux vers qui ils iront : elle apportera dans la paix du foyer familial les trésors de sa bonté. Adulée du public, elle sera chérie des siens.

CHAPITRE IV

Cornélie Falcon après 1840. Sa mort. — Résumé et Conclusion.

Métal sonore et fragile, l'âme et la voix de Cornélie Falcon se brisèrent un soir qu'elles avaient chanté divinement toutes deux. La poitrine était étroite et l'âme immense. En s'échappant de la prison où elle s'était repliée, cette âme célébrait sa victoire par des cris sublimes d'ange en liberté. Evasions périlleuses, trop souvent répétées, et qui chaque fois coûtaient une note à la voix, une plume à l'ange. Ce qui devait arriver arriva. La prison resta vide, la prisonnière était partie pour ne plus revenir. C'est alors que le public de l'Opéra, convié à tant de triomphes, assista aux funérailles de sa cantatrice favorite.

Ainsi s'exprimait Jules Janin, unissant dans un même souvenir ému la deuxième représentation de *Stradella* et la représentation du 14 mars 1840. C'est qu'en effet, les fleurs et les couronnes prodiguées à Cornélie Falcon à la fin de la soirée donnée à son bénéfice, furent réellement déposées sur une tombe. Pour tous, il était évident qu'à partir de ce jour funeste, l'Académie de musique allait être privée à jamais de sa chanteuse par excellence, et que l'emploi qu'elle tenait d'une manière si brillante, qu'à vrai dire elle avait créé, vacant depuis deux ans, le serait encore pendant longtemps, peut-être pour toujours : cette soirée fut effectivement une soirée d'adieux.

Théophile Gautier estimait que peu de gens se survivent dans la pensée des autres, et que le prestige des femmes de théâtre, en particulier, tient surtout à l'heure présente : « Tant que vous êtes là, c'est bien ; vous êtes parti, bonsoir », disait-il. Cependant, le souvenir de Cornélie Falcon ne s'éteignit pas aussi vite qu'on eût pu le croire d'après la mélancolique exclamation de l'auteur du *Capitaine Fracasse*. Des pensées reconnaissantes, émues s'exhalèrent de certains esprits, de quelques cœurs.

C'est d'abord Meyerbeer, treize années après *Les Huguenots*, lorsqu'on donna *Le Prophète*, disant que le vide laissé par Mlle Falcon n'avait pas été comblé depuis. C'est ensuite Henri Blaze de Bury, rappelant et proclamant ainsi les mérites de l'artiste disparue :

Mlle Falcon brillait alors de tout l'éclat de la jeunesse et du succès. De voix de soprano plus étendue, plus limpide, plus admirablement belle et *génuine*, et en même temps plus capable d'effets grandioses, on n'en saurait imaginer. C'était un métal incomparable, un timbre comme on n'en avait jamais entendu et comme il pourrait bien se faire qu'on n'en entendît plus, car la nature, pour me servir de l'expression d'un illustre poète, « s'égale, mais ne se répète pas ». Et avec cela, la grâce et la distinction de la personne, *des yeux qui répandaient plus de lueurs qu'il y en a dans l'aube ou dans les étoiles d'un ciel d'Orient*, un front où rayonnait l'intelligence, l'apparition du génie dans la beauté.

L'art moderne saluait en elle sa prêtresse inspirée, et tous de l'admirer et de battre des mains sur son passage, car il y avait à cette époque plus d'espérances autour de cette jeune tête qu'il n'y a de fleurs et de bourgeons aux branches d'arbre par une belle nuit de mai. Aussi quels engouements, quels triomphes ! et dans les éloges dont on la comblait, dans cet enthousiasme des artistes, du public, quelle réserve délicate ! quelle respectueuse émotion ! comme si on eût craint, par de trop bruyants hommages rendus à la cantatrice, de profaner la pureté de la jeune fille ! Les maîtres eux-mêmes se conformaient à ce sentiment qu'impose l'honnêteté, et Meyerbeer s'efforçait d'atténuer à son intention certains traits trop hardis du caractère de Valentine. On ne sait malheureusement plus assez quels ressorts inouïs la voix emprunte à certaines conditions spéciales, et que les vestales de l'art y sont les vraies reines. Là, fut le secret de la toute-puissante influence exercée par Mlle Falcon. (*Meyerbeer et son temps.*)

Peut-être Cornélie Falcon eut-elle un secret sentiment pour un artiste, son maître, Adolphe Nourrit, beau, séduisant, auréolé de ses légitimes succès, et seulement de douze années plus âgé qu'elle. C'est ce à quoi semble faire allusion l'insinuation contenue dans la note suivante :

Et voyez cependant jusqu'à quel point, en voulant éviter un écueil, on se rapproche quelquefois d'un autre : Mlle Taglioni avait cruellement fourvoyé les arts parmi les vanités héraldiques ; Mlle Falcon, elle, se perdit en aimant à condition égale. (*Chronique de l'Opéra.*)

Quoi qu'il en soit, la conduite irréprochable de Cornélie Falcon était notoire. Si de nombreux adorateurs tourbillonnèrent autour d'elle, la plus légère défaillance ne put être signalée à l'égard d'aucun d'eux, le médisant acharnement de certain critique s'explique de ce fait. Par contre, cette sévérité de mœurs en avait imposé à tous et fit que Cornélie Falcon fut constamment entourée du respect dû à une « Vestale de l'art ». Comme le Rhône se creusant un lit au sein du lac Léman, et gardant ainsi toute son intégrité, pourrait-on dire, Falcon traversa la vie de théâtre en n'y mêlant que ce qui appartenait exclusivement à l'exercice de sa profession.

Véron, très friand d'anecdotes scandaleuses, n'eût pas manqué de consigner dans ses *Mémoires* une aventure galante quelconque ayant trait à Cornélie Falcon si elle se fût produite ; or, il ne parla jamais d'elle qu'en termes respectueux. Plus tard, lorsque Duponchel fit réparer la loge de Cornélie Falcon et y introduisit un luxe inaccoutumé, il ne faut voir là qu'une simple courtoisie à l'égard d'une artiste considérée et qu'il était diplomate d'entourer de soins et de prévenances. Charles de Boigne est formel à cet égard :

> La loge de Mlle Falcon, dit-il, n'était l'œuvre ni d'un comte ni d'un marquis, mais du directeur. M. Duponchel avait fait à Valentine la galanterie de la loger un peu plus proprement que Mme Lorette.

Parmi ses admirateurs, il en est un dont les renseignements méritent d'être enregistrés. Cet homme s'appelait Pierre Schamel-Roy. Entré à l'Opéra, en 1828, en qualité de costumier, il dut à cette circonstance d'être en rapports fréquents avec Falcon. Il relate que les abonnés ne se contentaient pas d'envahir les coulisses pour lui parler, mais que leur indiscrétion allait jusqu'à se rendre à la loge de l'artiste afin de l'apercevoir en déshabillé, et que cette « tyrannie » lui était non seulement odieuse, mais qu'elle la considérait comme une offense : « Qu'ai-je donc, disait-elle, pour être ainsi remarquée ? »

Un soir, Falcon, en butte aux poursuites d'un soupirant de haute lignée, pria Schamel-Roy de la faire sortir du théâtre par un passage réservé aux personnes de service. Une autre fois, au cours d'une représentation de *La Juive,* Cornélie Falcon sort furieuse de sa loge, et donne un retentissant soufflet à un indiscret qui poussait la porte dissimulée par une draperie. Ce soufflet avait été administré au régisseur, cela naturellement, à la plus grande joie de tout le personnel du théâtre, qui, depuis lors, le surnomma : *le Confirmé.*

Elle m'appelait son Pietro, et ne serait jamais entrée en scène si je ne lui eusse passé un petit flacon de café qu'elle vidait d'un trait pour se donner du cœur et éviter le trac, nous apprend le dévoué et fidèle costumier.

Schamel Roy ajoute que

Mlle Falcon avait un grand air de distinction que bien des princesses n'avaient pas, un port majestueux, un regard dominateur, une beauté qui eût pu servir de modèle à un sculpteur, et, enfin de toute sa personne émanait un air impressionnant et empoignant : il la nomme *la belle des belles*.

Belle, très belle, Cornélie Falcon le fut : les documents iconographiques en témoignent, les écrits le proclament.

Théophile Gautier a tracé d'elle le portrait que voici :

La coupe du beau masque de Mlle Cornélie Falcon est éminemment tragique, et merveilleusement disposée pour rendre les grands mouvements de passion. Les yeux surtout sont délicieusement beaux, des sourcils d'un noir velouté, d'une courbure orientale, se joignant presque à la racine d'un nez mince, un peu trop aquilin peut-être, contribuent beaucoup par leur contractilité à donner à la face une expression de passion jalouse et d'empressement tragique très appropriés aux rôles que joue habituellement Mlle Falcon. Le front est noble et intelligent, lustré par des frissons de lumière sur les parties saillantes et baigné de tons fauves aux endroits ombrés par les cheveux. Le défaut de cette figure si noble et si régulière consiste dans le peu de développement du menton. La distance à partir du nez jusqu'à l'extrême bord de l'ovale nous paraît légèrement courte, plus d'ampleur dans ce contourné achèverait mieux la figure et lui donnerait plus d'harmonie.

Le rôle où la beauté de Mlle Falcon ressort le plus avantageusement et semble pour ainsi dire dans son milieu naturel, c'est le rôle de *la Juive* : le turban hébraïque avec la blan-

che bandelette qui fait mentonnière et encadre austèrement l'ovale de la tête lui sied admirablement; aucune coiffure ne va mieux à sa physionomie; ni le diadème d'or, ni les fleurs épanouies, ni les perles laiteuses au blond reflet, ne s'accommodent bien à sa figure; elle ressemble tout à fait à une des compagnes de Jephté, si ce n'est à la fille de Jephté.
Malheureusement, le public de l'Opéra où les jolies femmes sont si rares, ne verra pas de longtemps Mlle Falcon. Le charmant rossignol a perdu sa voix et l'air balsamique et velouté de l'Italie n'a pu lui rendre ses notes envolées.

Si Cornélie Falcon perdit en partie sa voix, elle garda du moins sa beauté, cette beauté remarquable tant au point de vue du visage qu'à celui de la plastique du corps. L'auteur d'*Emaux et Camées* le constate au cours d'un article, un peu incohérent, écrit au lendemain de la « représentation d'adieux » de la grande artiste :

Physiquement, elle est aussi belle que jamais. Ce sont toujours les longs yeux passionnément noirs, la chaude pâleur juive, le bel ovale mélancolique, les cheveux abondants et superbes, le même sourire maladivement tendre, la même ardeur inquiète et nerveuse, c'est bien Cornélie Falcon ; sa beauté est sauvée, qu'importe sa voix ! Nous qui préférons un beau contour à un beau son, nous étions déjà plus qu'à moitié rassurés ; car notre grande peur était qu'elle n'eût maigri, que ses dents n'eussent perdu de leur blancheur et ses yeux de leur éclat : il n'en est rien.

C'est un point de vue !

Il est deux choses encore desquelles Cornélie Falcon

ne se départit jamais : la modestie et la bonté. Ces vertus, profondément ancrées en elle, étaient unies, fondues, amalgamées et formaient ainsi un parfum d'un charme inexprimable. Très grande aussi était sa piété filiale. Dès son enfance, cette piété eut l'occasion de se manifester lorsque, pour se soumettre à la volonté d'un père exigeant qu'elle embrassât la carrière artistique, sorte de damnation à ses yeux, elle quitta le couvent où sa vocation religieuse était éclose. Ce sacrifice une fois consenti, elle s'adonna entièrement aux études qui devaient la mener sur le plateau d'un théâtre. Lorsqu'elle y fut, elle se voua avec passion, avec toute son âme, à une profession qui, du reste, en dehors des succès qu'elle lui procura, fut aussi profitable à ses intérêts financiers.

Dans l'instructif et amusant état que Castil-Blaze a dressé des « Académiciennes devenues grandes ou riches dames » (*L'Académie impériale de musique*), Falcon est cotée : *belle fortune.* C'est cette belle fortune qui lui permit d'acquérir successivement deux propriétés, l'une à Essonnes, où son père se retira après avoir vendu son fonds de commerce ; l'autre au Vésinet, que Cornélie Falcon habitait dès le printemps, et où elle restait jusqu'à l'automne, époque de l'année à laquelle elle réintégrait son appartement du 38 de la rue de la Chaussée-d'Antin. Pendant son séjour au milieu des bois et des champs, qu'elle adorait, elle visitait quelques voisins, et surtout des familles pauvres dont elle était la providence.

Cornélie Falcon, épouvantée et comme honteuse du désastre de sa carrière artistique, mit tout en œuvre pour se faire oublier. Drapée dans une attitude digne, et conforme à sa noble nature, sa vie s'écoula, dès lors, repliée sur elle-même, méditant sans doute sur l'inanité des choses d'ici-bas. Ses sentiments pieux et son éducation religieuse durent l'aider à supporter l'épreuve que la fatalité venait de lui infliger. Enfin, elle épousa un fort galant homme, M. Malançon, associé d'agent de change, veuf et père d'un fils. Falcon puisa là une sérieuse raison de vivre, car elle avait trouvé sa nouvelle voie : le dévouement ! Elle se consacra entièrement à l'éducation de ce beau-fils et étendit au fils et au petit-fils de celui-ci tous ses soins et sa bonté infinie : Cornélie Falcon enrichissait la paix de son esprit et de son cœur de la joie, du bonheur qu'elle répandait autour d'elle. Aussi, quelle reconnaissance, quelle tendresse n'avait-on pas pour Elle ! Après sa mort, le petit-fils de M. Malançon proclamait : « Elle m'a élevé, elle a élevé un de mes fils, et quand je vous aurai fait savoir que la chère disparue avait toutes les qualités et toutes les vertus, je vous aurai tout dit. »

Le grand air qu'elle eut toujours s'était encore accru en vieillissant. Sous sa couronne de cheveux blancs, elle faisait penser à quelque dame du grand monde d'autrefois. Quelqu'un qui l'avait connue âgée, traçait d'elle le portrait suivant :

> De maintien haut, distinguée autant que simple et silencieuse, elle rappelait infiniment moins la chanteuse qu'elle avait été qu'une femme d'une société discrète et polie.

Dans son logis de la Chaussée-d'Antin, point de portraits, de palmes, de couronnes ; toutes ces reliques de son passé avaient été soigneusement écartées de ses yeux. Par contre, dans le salon, et un peu partout, on voyait errer quelques cahiers de collégiens et de pieux missels que ses doigts se plaisaient à feuilleter dans la ferveur de sa foi consolatrice.

L'éminent musicographe, M. Camille Bellaigue, qui eut l'honneur d'être en relations avec Cornélie Falcon, alors qu'elle était déjà âgée, a consigné ses souvenirs dans un bel et émouvant article que nous transcrirons presque entièrement :

> Il y a quelque dix ans, comme je m'occupais de Meyerbeer, je souhaitai de connaître et d'entendre parler de lui sa plus illustre interprète. Avec beaucoup de douceur et encore plus de mélancolie, elle s'excusa alors de ne me point accueillir : elle avait peur, me dit-on de sa part, de remuer ses propres cendres, peut-être de les ranimer. L'été suivant, sur les bords du lac de Genève, le hasard me fit voisin d'une vieille dame dont la physionomie et le regard me frappa. Quand je m'informai d'elle, on me répondit : c'est la Falcon. Cette fois, elle voulut bien ne me point éviter. Un dimanche, comme elle

descendait à mon bras, courbée et lourde, les degrés de l'église : « Ce n'est plus là, soupira-t-elle, l'escalier des *Huguenots.* » Et ce fut sa première allusion au passé.

Puis elle me permit d'aller quelquefois la voir. Peu à peu elle s'enhardissait à regarder en arrière, et son ombre, ou son spectre, lui faisait moins peur. Elle rappelait la soudaineté de sa gloire. Elle en mesurait aussi la brièveté. Parfois, elle disait la terrible catastrophe et, depuis quarante ans, la solitude, le funèbre silence de sa retraite. Car elle avait fermé à toute musique son oreille et son cœur. Elle n'ignorait pas qu'un autre art, que de nouveaux chefs-d'œuvre étaient nés; mais, en étant absente, elle avait voulu y rester étrangère. Elle ne pardonnait point au dieu à qui elle s'était donnée et qui l'avait trahie.

Un jour cependant elle me fit appeler. Je la trouvai comme toujours, assise dans son fauteuil et, comme toujours, oppressée et souffrante. Des coussins et des oreillers la soutenaient. Mais elle était, je m'en souviens, coiffée de son plus joli bonnet de vieille. Tout respirait en elle un air de parure et de fête. D'une voix grave et qui tremblait un peu, elle me dit : « J'ai décidé de réentendre aujourd'hui de la musique. Faites m'en donc, je vous prie, faites m'en jusqu'au soir. Mais que ce ne soit pas celle d'autrefois, la mienne. Celle-là, je n'aurais pas le courage... » Je me mis au piano et je jouai pour elle. J'avais choisi *Carmen,* dont la beauté vivante et passionnée pouvait le mieux la toucher. Tout de suite, elle écouta, elle comprit et elle s'émut. A travers la musique, elle devinait et suivait le drame. Dans le duo final, quand le thème diabolique éclate pour la dernière fois levé comme le poignard sur la tête de la bohémienne, elle s'écria d'elle-même, avant la parole : « Il va la tuer ! » et elle fondit en larmes. Je voulus m'interrompre ; elle, sanglotant, comprimant à deux mains les battements de son pauvre cœur malade, me suppliait de continuer, de continuer à lui faire du mal, un mal salutaire et délicieux. Quarante ans n'avaient donc pas creusé d'abîme entre l'art qu'elle avait servi, aimé naguère, et celui dont si longtemps elle avait eu peur ! Après un demi-siècle de solitude, elle venait de se retrouver en face du génie et, du premier regard, elle l'avait reconnu.

La nuit tombait, je cessai de jouer. A côté d'elle, sa belle-fille se tenait en silence. Dans un coin du salon, ses petits-enfants étaient blottis, immobiles, regardant avec inquiétude leur grand-mère qui pleurait. Elle se leva enfin pour remonter chez elle. En passant, elle me dit seulement d'une voix faible : « Revenez demain ! » Et elle ajouta avec un sourire : « Si je n'en suis pas morte ! »

Elle n'en devait pas mourir, et le lendemain et plus d'une fois depuis, je suis retourné près d'elle. Gentiment, elle m'appelait le bienfaiteur de ses dernières années. Pauvre Falcon ! Elle ne pouvait se rappeler sans horreur « sa rentrée » d'un soir à l'Opéra, lorsque, croyant sa voix guérie, elle sentit que sa voix était morte. Peut-être aura-t-elle aimé du moins à se souvenir d'un jour de sa vieillesse où le génie de la musique était rentré en elle et l'avait ressaisie tout entière.

Cornélie Falcon survécut encore quelques années à cette nouvelle emprise de la musique sur elle : elle mourut le jeudi 25 février 1897, à six heures du matin, âgée de quatre-vingt-trois ans, en son domicile, 38, rue de la Chaussée-d'Antin. Ses obsèques eurent lieu à Saint-Louis-d'Antin, sa paroisse. On lui prête ces dernières paroles : « Point de lettres de faire-part, point de fleurs sur ma tombe, qu'on ne dise pas que j'étais la

Falcon : celle-là était morte depuis longtemps. » Malgré cela, bon nombre de journaux publièrent des articles nécrologiques, tous empreints du plus profond respect. *Le Guide musical,* voulant montrer à quel point elle s'était volontairement tenue éloignée du mouvement musical depuis l'éclipse du météore qu'elle fut, citait ce mot :

« Il y a quelques années, on lui parla du maître de Bayreuth. Wagner ? excusez-moi, dit-elle, de ne pas avoir d'opinion, je ne connais pas les œuvres de ce jeune artiste. »

Toutefois si, de propos délibéré, Cornélie Falcon, arrêtant la conception du drame lyrique au point où étaient parvenus les ouvrages entendus jadis, s'en tenant aux œuvres vivifiées par son admirable talent, frappa d'un certain ostracisme toute autre forme d'art musical, elle ne se refusa pas à écouter de jeunes chanteuses, Marie Roze par exemple. Dans son *Journal,* cette charmante cantatrice rapporte différentes choses ayant trait à ses relations avec Falcon.

C'est vers le 5 janvier 1870 que Marie Roze fut présentée, par son maître Delsarte, à « Mme Falcon-Malançon » à laquelle elle chanta les principaux passages des rôles de Valentine et de Rachel « avec un trac terrible », dit-elle. A partir de ce moment, Falcon entendit Marie Roze à plusieurs reprises ; à cela, du reste, ne se bornèrent pas les marques de sympathie que la célèbre artiste voulut bien accorder à la débutante. Non seulement elle lui donna son avis sur ce qu'elle devait chanter, notamment la grande scène de *La Vestale* et le rôle d'Alice, de *Robert le Diable*, mais aussi des conseils sur l'art du chant et sur l'interprétation, conseils d'une telle valeur que Marie Roze put s'écrier : « Je dois tant à Mme Falcon qu'il me semble que je n'ai rien appris des autres », et Marie Roze ajoute : « Comme on se sent petite devant une femme si noble et pourtant si simple ! »

Au cimetière du Père-Lachaise, il est une tombe assez retirée, située derrière la grande chapelle et à gauche. Sur un terrain acquis par Mme Narischkine (Jenny Falcon), très certainement mandatée par sa sœur Cornélie chez laquelle elle habitait lors de cet achat, a été élevée une petite chapelle, style cathédrale mis à la mode par la *Notre-Dame de Paris* de Victor Hugo. C'est là que, à côté de son époux et de sa mère, Cornélie Falcon repose. Sur ce monument funèbre, au lieu du nom de Falcon, on voit écrit, placé dans l'ogive de la façade, cette parole de l'Evangile : « Bienheureux ceux qui meurent dans le Seigneur », témoignant, *post mortem*, de l'humilité et de la piété de Cornélie Falcon. Le texte de la première des inscriptions relevées par nous à l'intérieur du monument, montre à l'égard de sa mère les mêmes sentiments de respectueuse piété filiale que ceux que Cornélie Falcon avait pour son père.

A LA MÉMOIRE DE NOTRE BIEN AIMÉE MÈRE
EDMÉE CORNÉLIE FALCON NÉE MÉROT, MORTE
PIEUSEMENT DANS LE SEIGNEUR LE 8 MARS 1888
A L'AGE DE 74 ANS
PRIONS POUR CETTE CHÈRE AME REGRETTÉE ET PLEURÉE
A JAMAIS DE SES ENFANTS.
JÉSUS-MARIE-JOSEPH, COUVREZ DE VOTRE DOUCE
PROTECTION CETTE TOMBE

A LA MÉMOIRE DE LOUIS FRANÇOIS MARIE MALANÇON,
DÉCÉDÉ LE 30 JUIN 1879 A L'AGE DE 79 ANS ET DEMI

A la mémoire de Mme Veuve Malançon
née Marie Cornélie Falcon le 28 *janvier* 1814
endormie dans le Seigneur le 25 *février* 1897

***

Ainsi, femme, Cornélie Falcon fut admirable ; en tant qu'artiste elle apparaît comme un être exceptionnel, véritable flamme humaine, torche vivante brûlant des feux les plus admirables qui se puissent voir, se consumant dans cette incandescence, et sans cesse s'immolant sur l'autel de l'art. Peut-être est-ce là le mot de l'énigme que propose à notre entendement la courte durée de l'apostolat de cette magnifique artiste ; à moins que, plus matériellement, on doive attribuer le brisement de sa voix à la seule musique de Meyerbeer, à ce point fatigante à chanter qu'on en était arrivé à admettre que *Robert* et *Les Huguenots* avaient fait une Saint-

Barthélemy de chanteurs, massacre que l'on traduisait par les vers suivants :

Et mes poumons ? demanda Rosalie.
— Soyez tranquille, ils vous seront payés ;
Sur mon état ils seront employés.
Rien n'est plus juste, et la règle établie
Veut qu'en dépense on porte, à l'Opéra,
Tous les chanteurs que Monsieur crèvera.

Quoi qu'il en soit, et quelles qu'aient été les causes, le fait flagrant est que la carrière de Cornélie Falcon ne fut que de cinq années.

Avec les critiques et le public d'alors, nous nous sommes lamentés sur l'exemple que Cornélie Falcon fournit d'une des douleurs les plus cuisantes et les plus terribles qui puissent frapper un artiste ; mais à présent, considérant l'importance de Cornélie Falcon sur l'art de son temps, nous nous demandons si, vraiment, il faut incriminer la fatalité, ou bien, s'il n'y a pas lieu, au contraire, d'accepter comme heureux le destin qui lui fut réservé. Nous nous expliquons.

La musique, comme la littérature, était arrivée à un tournant de son histoire. Spontini, Rossini, Meyerbeer et Halévy, en frayant à l'art des voies nouvelles, appelaient à eux des interprètes adéquats à leurs sentiments, à leur technique. Cornélie Falcon parut à l'heure précise où il fallait qu'elle fût là. Tour à tour incarnant Julia, Azaï, Alice, Valentine ou Rachel, elle a réalisé les types rêvés, conçus par ceux des compositeurs dont elle traduisit la pensée. Ces rôles et leur musique paraissaient être faits pour elle comme elle semblait être née pour leur donner la vie : il y eut unité absolue entre la force créatrice et la puissance d'interprétation.

Or, la longueur de la carrière d'un artiste n'a rien à voir avec son développement. Mozart et Raphaël n'ont mis que trente-six ans à s'exprimer, et pourtant, durant le cours restreint de leur existence, ils ont accompli intégralement le cycle de leur destin. Tel qu'il est, leur œuvre immense est à la fois harmonieux et complet : il était inutile qu'ils l'augmentassent ; s'ils avaient vécu plus longtemps, peut-être n'eussent-ils fait que de se répéter.

N'en est-il pas de même de Cornélie Falcon ?

Qu'importe, après tout, la durée de sa vie artistique, puisque, si elle fut courte, elle a été du moins remplie autant, et plus, et mieux qu'aucune autre infiniment plus longue ! Et puis, ne doit-on pas éprouver une certaine douceur à se dire que si le talent de Cornélie Falcon s'est, il est vrai, écroulé en un instant, du moins elle n'a pas vécu, comme tant d'autres artistes, hélas ! sur des ruines ? Elle a disparu en pleine beauté, après avoir répondu magnifiquement à sa prédestination et avoir ébloui le monde.

Une vie droite, honorable, résignée, dominée par de fulgurants éclairs et un violent coup de tonnerre, tels sont en résumé les éléments d'une existence dont nous venons de raconter la simple histoire.

TABLE DES MATIÈRES

TABLE DES PLANCHES

Imp. des *Presses Universitaires de France*, Paris. — 1927. — 718

8965. — Coulommiers. Imp. PAUL BRODARD. — 5-27.

www.ingramcontent.com/pod-product-compliance
Ingram Content Group UK Ltd.
Pitfield, Milton Keynes, MK11 3LW, UK
UKHW021826190726
13853UKWH00003B/1214

9 782329 553269